目からウロコの
単語を使いこなす英会話

黒川裕一 著

南雲堂

前書き…のようなもの

break, catch, come, fall, get, give, go, hang, keep, kick, know, let, live, look, pass, pull, put, run, see, stick, take, tell, touch, turn, work....

　25個の基本動詞を並べてみました。基本中の基本。水泳ならばバタ足。柔道ならば足払い。ゴルフならば7番アイアン。ボクシングならば左ジャブ…。
　この中に、聞いたこともない単語、ありますか？　ありませんよね？　それじゃこれらの単語、自信を持って使いこなせますか？

　もうちょっと具体的に聞いてみましょうか。
「まあ、いいんじゃない」って、この中のどれかを使って言うんですが、どれだか分かりますか？
　「あのさ」って、この中のどれかを使って言うんですが、どれだか分かりますか？
　「車、ちょっとそこに寄せてくれない？」って、この中のどれかを使って言うんですが、どれだか分かりますか？

　全部分かった人…。あなたはこの本を読まなくても大丈夫。本棚の元の位置に戻して、心置きなく旅立ってください。海の向こうがあなたを待っています。
　全部分からなかった人…。そんなあなたのために、ボクはこの本を書きました。

日本語でも、会話に出てくる語彙なんてそんなに多くはありません。「走る」一語で「車が走る」から「人が走る」までOK。さらにすごいことに、「今日の彼は球が走っている」なんてことも言えちゃう。さらに、ちょっと語尾に付け加えるだけで、「走り出す」、「走り出る」、「走り去る」なんてことまで言えちゃう。さらにさらに、頭に付け加えて、「先走る」、「血走る」までカバー出来ちゃう。これがみんな、「走る」一語。たいしたものです。
　冒頭に並べた25個の単語も同じこと。
これらをしっかりとつかんで使いこなせれば、英語は結構話せる
はずなんです。でも、そこまでなかなか行かない。run なんて「走る」とだけ覚えて止まっちゃってる。もうちょっと走り続けると、一気に三段くらい上まで行けるのに。もったいない話だと思いませんか？

　日本人にとって、上のように「走る」を応用して「球が走る」「血走る」「走り去る」とするのはそんなに難しいことじゃないですよね？　英語も全く同じ。慣れちゃえば、なんてことありません。信じられませんか？　それじゃ、論より証拠。早速本文に移りましょう。

「なあんだ、英語ってそんなに難しくないじゃん」
って、この本を読み終わった後に感じてくれたらうれしいです。

　　　　　　　　　　　　　　　　　　　　黒川裕一

目次

前書き・・・のようなもの 3

1. BREAK はボン!!! 8
2. CATCH はこう捕える 18
3. 接近の COME 28
4. FALL は垂直落下 38
5. GET は矢印 46
6. 気前のいい GIVE? 57
7. GO は進行信号 67
8. HANG はぶらぶら 76
9. KEEPのここをキープ! 87
10. いろんな KICK の仕方 96
11. KNOW って知ってる??? 105
12. LET は放っておく 114
13. LIVE の生かし方 123

14. LOOK をしっかり見る *132*

15. PASS が通る *142*

16. ここまで引っ張る PULL *150*

17. PUT も矢印 *160*

18. 駆け足の RUN *171*

19. SEE はこれでよく見える *180*

20. 棒っ切れから STICK *188*

21. TAKE はこうとる *197*

22. 相手あっての TELL *205*

23. TOUCH の触覚 *214*

24. くるくる TURN *223*

25. 働き者の WORK *233*

　　後書き・・・のようなもの *242*

本文イラスト＝さとう有作

目からウロコの

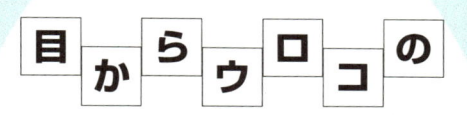

単語を使いこなす英会話

■ 1. BREAK はボン!!!

　「彼女は去年 break しました!!!」なんて、テレビやラジオでよく言っていますよね。「大 break!!!」のように日本語の「大」と英語の「break」を組み合わせたりもしてるみたい。この「break する」には後ほど触れるとして、まずは break の基本をここでしっかりとつかんでおきましょう。break の b は

ぶっ!!!

日本人ならまずおならの音を連想してしまうあの

ぶっ!!

…おっと、ここで笑っちゃいけません。英語に限らず言葉なんてもともとはみんな

　　　音。

だから、音を「感じる」ことが出来れば、その言葉の意味なんてつかめたも同然。ほらね、実は結構まじめな話だったでしょ。

　さてさて、この

　　「ぶっ!!!」

は破裂とか爆発の音ですよね。break はそんな

突然の行為

にまつわる動詞なんです。「突然の行為」なんてかえってわけが分かんなくなりそう？　それじゃ、こう考えましょう。「break は要するに、

1. Break はボン!!!

ドガーンとか**バーン**」。

これなら大丈夫でしょ。以下の例でその辺を確かめてみてください。

1-1

(1) Jennifer and I broke up two months ago.
（Jenniferとボクは二ヶ月前に別れた）
(2) I broke up with Jennifer two months ago.
（ボクはJenniferと二ヶ月前に別れた）

break up は、日本語の
「別れる」。
「別れても好きな人」の「別れる」。「粋な別れ」ってのもないことはないんでしょうが、「別れ」と聞いてまず思い浮かぶのは、

修羅場。

ほらね、

ドカーン

って感じです。

さて、ここから先が上級編。(1) と (2) はどこが違うんでしょうか？ 同じだなんて思っていませんか？

はい、それじゃ、答えにいきますね。(1) は「Jennifer と自分は、

どちらがそう決めたというわけでもないけれど、

別れるという結果にいたった」。(2) は「Jennifer の意志はともかく（ひょっとしたら彼女の方にはまだ未練があったかもしれないけれど）、

こっちの意志で振った」

ということなんです。微妙に違うでしょ。

　例えば、「向こうに振られた」とはなかなか言いづらいもの。こんなときは (1) で適当にぼかしちゃうわけです。

「別れたんだ…」

以上のことは何も言わない。これに対して、「こっちが振ってやった」とちょっとえらそうな顔をしたければ (2) の出番なんですね。

　また、「振る」という意味ではダンプカーの dump を使って、

I dumped her.（ボクは彼女を捨てた）

と言うことも出来ます。こうなると「別れた」どころかダンプカーのごみのように

「捨てた」。

冷たいなぁ…。

1-2

I broke off the business deal with Mr. Robinson.
（私はロビンソン氏との取引をとりやめた）

1. Break はボン!!!

　今までやってきたことを普通にやめれば cut off。「カットする」ってこと。でも、突然やめちゃうことだってあるでしょ。この「唐突さ」はやっぱり

ボン!

なんですね。だから break の出番。

　もう一つこの break off で知っておかなければならないのは、「どちらからともなく突然取りやめるにいたった」となることはほとんどなくて、

「どちらか一方の意志で

突然取りやめることになった」というニュアンスで使われるってこと。この辺までしっかりとつかむことが、「使える英語」への近道。「急がば回れ」です。

1-3

My car broke down.（車が壊れた）

「物が壊れる」ときって、
「ボン!!!」
って音がしそうでしょ。
日本語でも、**ぶっ**壊れた
なんて言いますもんね。ほら、やっぱり壊れるときは

b

の音。音に国境なんてないんです。
　さてさて、ここで終わっちゃいけません。break down は

「物」が壊れたときばかりか、「人」が壊れちゃったときにも使います。「人が壊れる」って？　身体のけがはもちろんだけど、人は心の生き物でしょ？　break down はこっちの方で使います。

Eleanor broke down right in front of me.
（Eleanor はボクの目の前で泣き崩れた）

　日本語だと

泣き「崩れた」。

「崩れる」と「壊れる」…ほら、似てますよね。

1-4

> **I broke out in a rash on my back.**
> （背中におできが吹き出てきた）

「おでき」ってのもまた突然、

「ボン!!!」

と出てくるもの。これもまた break で OK。「出て」くるんだから out をくっつける。それだけ。「出てきた」だからってこれを come out としちゃうと、

「ボン!!!」

っていうダイナミックさが殺されちゃう。だからここはやっぱり break の出番。

　さてさて、突然

1. Break はボン!!!

「ボン!!!」って感じで起こるのは「おでき」ばかりじゃありません。例えば「暴動」もその一例。これも、
The situation broke out in violence.
（突然暴動になってしまった）
なんて言えちゃいます。

　せっかくだから、ここで「おでき」と「暴動」の共通点をしっかりとつかんでおきましょう。これらはどっちも
「抑えようもなくそうなっちゃう（自然にそうなっちゃう）」
ってところが似てるんですね。おできは出るなといっても出てきちゃうものだし、暴動だって気がつくと抑えようがなくなっちゃってるものでしょ？　はい、これで break out はばっちりです。

1-5

A robber broke in last night.
（昨夜、強盗が押し入った）

　同じ「入る」でも、「忍び込む」と「押し入る」じゃ、ずいぶん雰囲気が違うでしょ？　英語だと、「忍び込む」は
sneak in
で、「押し入る」は
break in。
　「押し入る」ってことはやっぱり、

バーン!!!

ってドアを破るなり
バリーン!!!
ってガラスを破るなり、はたまた
ズガガーン!!!

って床を突き破るなりするわけ。だからやっぱりbreak。
　ところで、
breakは名詞としてもよく使うので、あわせて覚えてしまいましょう。これも結局、
「ボン!!!」
で分かっちゃうから心配はいりません。
　一本の道が目の前に、長く長く続いているとしましょう。あなたはその上をてくてくと歩いています。古い道なのか、途中、あちらこちらにひびが入ったり裂け目が出来たりして、道が途切れています。目に浮かびましたか？　この「途切れ」た部分こそ、名詞の
break
なんですね。
　つまり、
「何か一続きのものがそこにあって、それが『ボン!!!』って感じで途切れるところ」
のことをbreakって呼ぶんです。一言にしちゃうと、
途切れや隙間

あたりが手頃でしょう。

1-6

Let's take a break.
(それじゃ、休憩しようか)

この
休憩時間

の break は「途切れ」の典型。休憩時間は「一続きの勤労時間」が途切れるところでしょ。簡単簡単。

We worked 8 hours without a break.
(私たちは 8 時間休みなく働いた)

without a break だから、「break がない」。…ってことは「休みなく(ずっと)」。ほら、これも簡単。

ちなみにこれは、

We worked 8 hours straight.

ともよく言います。「まっすぐ」の straight が日本語の「働き『通す』」につながることは分かりますよね。

1-7

They made a new breakthrough in AIDS treatment.
(エイズ治療に新境地が開かれた)

お待たせしました。いよいよ「break した」の出番です。これはきっと、囲みの breakthrough から来てるんですね。breakthrough は break と through。

A ball broke through the window.
(ボールは窓ガラスを突き破った)

のように「突き破る」という感じで使います。だから、breakthrough で

壁を突破すること

となるわけ。それで、新星のごとく現れると、「break した」。納得？

　この breakthrough の使用例でもう一つよくお目にかかるのが、

scientific breakthrough。

「科学において壁を突破すること」だから、

科学の新境地を開くこと。

いかにも使いそうでしょ。例えば、

This discovery is a new scientific breakthrough.
(これは科学に新境地を開く発見だ)

のように使います。

　…この本を読み終わるころには、きっとあなたの英語にも breakthrough が訪れているはずですよ。

1. **BREAK** を使った会話

こんなことってあるぅ？

A: You know what happened to Tommy?
（Tommyに何があったか知ってる？）

B: What?
（何？）

A: His car **broke down** a couple of days ago.
（彼の車、二日前に壊れちゃってさ）

B: Yeah, he told me that.
（ああ、たしかそう言ってた）

A: Didn't he also tell you that he just **broke up** with Lisa?
（Lisaと別れたってことも聞いた？）

B: Yeah.
（ああ）

A: Actually, she dumped him.
（実はさ、彼女の方が振ったんだよ）

B: Man. I didn't know.
（ほんとかよ、それは知らなかったな）

A: On top of that, somebody **broke in** to his house and took his new computer.
（おまけに、家に強盗が入って新しいコンピューターを持っていっちまったんだ）

2. CATCH はこう捕まえる

　キャッチボールだのキャッチホンだの、キャッチはもう日本語。

捕まえる

という根っこの意味も、知らない人はまずいないはず。もうちょっと詳しく言うと、catchとは

動いているものをひっ捕まえる

こと。簡単でしょ。でも、簡単そうに見えるものほど結構手ごわかったりしますから、気を引き締めていきましょう。

　おっと、忘れる前に一つだけ。「キャッチホン」は、和製英語。英語では

call waiting。

でも、「キャッチホン」って、なかなか言い得てます。こっちが話し中のところを向こうが「捕まえる」わけですからね。

2-1

(1) I didn't catch what you said.
　　（何て言ったか聞こえませんでした）
(2) I don't catch what you are saying.
　　（何て言っているか分かりません）

　まずは基本中の基本を二つ。これ、同じ catch を使いながら、違った意味になるんです。でも、どっちもイメージは

18

2．Catch はこう捕まえる

「飛んでいくボールを捕まえる」。それを頭に置いて読み進めてみてください。
（1）の catch は hear と同じこと。全文は、
I didn't hear what you said.
（何て言ったか聞こえませんでした）
と言い換えることが出来ます。

これに対して、（2）の catch は understand と同じこと。全文は、
I don't understand what you are saying.
（なんて言っているのか分かりません）
と言い換えることが出来ます。

ややこしいですか？ だったらこう考えてしまいましょう。
（1）は「相手の声（音声）を捕らえる」。
（2）は「相手の言っていること（内容）を捕らえる」。

ほらね、やっぱり基本は「ボール」を捕まえること。難しくなんてありませんよね。

2-2

Sorry, I didn't catch your name.
（ごめんなさい、お名前が聞こえませんでした）

これはさっきカバーした（1）の実践例。初対面であいさつを交わすとき、相手の名前が耳慣れずうまく聞き取れないなんてことはよくある話。特に外国人の名前はなかなか大変です。そんなときには、この一言。

2-3

I'm afraid to catch AIDS.
（エイズにかかるのが怖い）

こっちの catch もよく使うのでしっかり覚えておきましょう。これは

伝染病にかかる。

「せっかくアメリカに行ったってのに、アメリカ人の彼女の一人も出来ないのかい？」なんて冷やかされたときに苦し紛れにこんなこと…は言わないか、やっぱり。

ところで、これを見て「おやっ？」と思った人、いるでしょ？　そう、これはおなじみの、

I caught a cold.（風邪をひいた）

の応用形。こんなふうに「伝染病にかかる」は catch を使えばみんな OK。

2．Catch はこう捕まえる

　でも、よくよく考えてみるとこの表現、なんだか変な気もします。「病気にかかる」ってのは、こっちが「捕まえる」ということ？　むしろ「捕まる」という気がしますけど。

2-4

> Be careful. This will catch fire.
> （気をつけて。これ、火がついちゃうよ）

もう一つ、おもしろい catch の使い方を。このように、

火がつく

のもやっぱり、

catch。

これも、病気と同じで感覚としては火の方が物体を「捕らえる」気がするんですが、どうなんでしょうか?

2-5

> We were caught in bad weather.
> （悪天候に捕まった）

　「捕まえる」と言ったって、いつもいつも警察と泥棒が追いかけっこをしているわけじゃありません。囲みのように、悪天候がこっちを捕まえることだってあるんです。いかにも

やれやれ、捕まっちゃった…

という感じ。この辺が分かるかどうかが、相手の言っている

ことを
きちんと
理解できるかどうかの分かれ目。しっかり押さえて下さいね。

2-6

> This hairstyle will catch on this year.
> （この髪型が、今年はやるでしょう）

　さて、ここからしばらくは

catch on

を。これは大きく分けて二通りに使います。
　一つ目が上の例。これは、

はやる。

全文を言い換えれば、

This hairstyle will become popular this year.
（この髪型は今年はやるだろう）
　日本語でも、「若者の心を

捉える」

なんて、言うでしょ。それと同じ感覚。根っこは言葉を超えて同じです。

2-7

Don't worry. You'll catch on.
(大丈夫だよ。じきに分かるようになるから)

さて、もう一つの

catch on

がこれ。よその国に行ってまずはじめに壁に当たるのが言葉。ちゃんと学校で習ったはずなのに、英語が分からない、話せない。つらいものです。そんなときに必ずと言っていいほど耳にするのがこの例文。でもこっちは、「はやる」じゃなくて、

分かる。

「なんでだよぉ…」なんてすぐにぼやかないで。日本語だって、「相手の言いたいことをしっかりと

捉える」

って、「分かる（理解する）」という意味で言うでしょ？　それと同じことです。

　場合によっては、

You'll catch on to what they are saying.
(彼らの言っていることが分かるようになるよ)

とちょっと詳しく言うことも出来ます。これも一緒に覚えちゃいましょう。

2-8

> Go ahead. I'll catch up soon.
> （先に行って。じきに追いつくから）

お次は

catch up。

こっちは、

追いつく

です。ちゃんと「後ろから追いついていって

捉える」

感じ。それをかもし出すのが「上に上がっていく」up ってわけ。

　仕事でもプライベートでも、「悪いけどちょっと先に行ってくれない?」ということは意外に多いもの。そんなときには catch up の出番。

I'll catch up with you soon.

と教科書通りに言うこともできますが、「追いつく」相手は普通目の前にいるわけだし、わざわざ with you と言わないことの方が断然多いです。

2-9

> You are way ahead of me. I've got a long way to catch up.
> （はるか先に行きやがって。追いつくのが大変だよ）

2. Catch はこう捕まえる

　上の文は同じ catch up でも一味違います。日本語でも、昇進や実績などについて「奴には到底追いつけない」と言うことがありますね。それがこの catch up。昇進の早い同僚にでも、他の世界で早々と成功してしまった学友にでも、「全くお前にゃかなわんよ」と敬意を表したければこの一言。もちろん、単なる社交辞令ってこともあるでしょうけど。ほんとはそっちの方が多かったりして。

2-10
Good catch!（よく気づいたね）

　最後に、名詞の catch も二つ三つカバーしておきましょう。「捕える」の名詞形ですから、当然
「捕えること」
って意味が根っこにあるはず。それだけ分かっていれば、何にも怖いことなんてありません。
　さて、上の例。これはもともと球技から来た表現。日本語で
ナイスキャッチ
っていうでしょ。あれです。
　この catch は「抜けそうなボールをよく捕った」から
「見落としがちなものや見落としたら大変なものにうまく気づいた」
という意味になります。そこから、
Good catch!

で、

よくぞ気づいてくれた!

となるわけ。例えば、大事なレポートを友達に推敲してもらったとしましょう。ありがたいことに、彼は引用に致命的なミスがあることを見つけてくれました。こんな時には感謝を込めて

Good catch!

です。

2-11

Let's play catch. (キャッチボールをしよう)

これはそのままずばり、「キャッチボールをする」。普通、catch ball とは言わないみたいです。短くてすむものは短くて済ますもの。当然といえば当然の話。

「がきの頃には親父といつもキャッチボールをしたもんだよ…」なんてちょっと感傷に浸るときにもこれでOK。

I'd play catch with my dad all the time...
(がきの頃には親父といつもキャッチボールをしたもんだ)
…懐かしいなぁ。

2. **CATCH** を使った会話

自己紹介

A: Hi, my name is Yumi.
   (こんにちは。私の名前はゆみです)

B: Joel.
   (Joel です)

A: I'm sorry. I didn't **catch** your name.
   (ごめんなさい、お名前が聞き取れなかったんですけど)

B: Joel. J-o-e-l.
   (Joel ですよ。J-o-e-l)

A: O.K.
   (はい)

B: So how long have you been in America?
   (それで、アメリカにはどれくらいいるの?)

A: Three months.
   (三ヶ月です)

B: Three months!? You speak pretty good English.
   (三ヶ月!? 英語、なかなか上手じゃない)

A: No, not at all.
   (全然そんなことありません)

B: Don't worry. You'll **catch on** very soon.
   (心配しないで。すぐに分かるようになるから)

3. 接近の COME

　come は普通「来る」と訳します。早い話が、「来る」ってのは「こっちへ来る」。だから、come には何らかの
接近
が込められているんだなってところからとりあえず始めましょう。come の本質へとうまく接近できるでしょうか？

3-1

> I came across Mike downtown the other day.
> （この間、ダウンタウンで Mike に出くわした）

come across だから、「接近」して cross した（交わった）ってこと。つまり
出くわした
「出くわした」という日本語からもわかるように
偶然性
が示唆されます。
ちょっと似た感じの言い回しでは、

bump into。

bump は車の「バンパー」の bump。「『バンプ！』とぶつかる」ってこと。ほら、break と同じでこれもやっぱり音から来ています。だから、bump into って言うと、いかにも
偶然「ぶつかった」

感じが出るわけ。

I bumped into Mike downtown the other day.
(この間、ダウンタウンで Mike にぶつかった)

いくら似てると言っても、違った言い回しには必ず違ったニュアンスがあるもの。それじゃ、come across と bump into はどこが違うんでしょう? 微妙な違いなんですけどね。bump into の方がより

「旧知の間柄」

って感じがします。あと、偶然ぶつかったあとに

言葉くらいは交わしたような感じ

もします。だから、よく知りもしない Mike をただ見かけただけだったら come across とは言っても bump into とは言わないものなんですね。なるほどなるほど。

3-2

My idea didn't seem to come across very well.
(私のアイデアはうまく伝わらなかったようだ)

「視界に入る」の come across は「視界」を越えて**相手の「頭」や「心」に入る**

感じになることだってあるんです。日本語だと

伝わる

くらいが手頃。「相手の頭や心に入る」ってことは、きちんと「伝わる」ってことですからね。

例えば囲みの例。会議の後、「一生懸命準備したつもりだったのになあ…」とぼやいているところ。いいアイデアも、きちんと伝わらなくては生きようがありませんね。
　さて、次の come across はちょっと注意が必要です。二通りに解釈できちゃうので。

I don't think I came across well to her.

一つ目はさっきの会議の例と全く同じ。

「自分の言っていることが

彼女にうまく伝わらなかったと思う」ってこと。
　二つ目は「『言ったこと』が伝わらない」どころか

「自分自身

がうまく伝わらない」、つまり、

いい印象を持たれない。

うーん。そうならないようにしたいものです。
　ところで、「印象」は impression。こういう難しい英語を知っているのが日本人のえらいところ。二つ目の意味ならこれを使って、

I don't think I gave her a good impression.

(彼女にいい印象を与えなかったような気がする)
と言い換えることが出来ます。

3．接近の Come

3-3

Something came up, so I can't come to the party tonight.（用が出来ちゃったんで、今夜はパーティーに行けそうもないわ）

 「悪いけど急用で…」と断りの電話を入れたことのない人なんていませんよね？　そんなときに、「急用って何?」と聞くのはご法度。「急用って言ってるんだから、きっとそんなに急な用事なんだろう」ってことにして早々に電話を切ってあげるのが人の道というものです。
 英語でもこれは同じこと。

急用が出来た

は
具体的なことを一切言わずに、

Something came up.

でOK。ほらね、このいかにもあいまいな something が日本の「用（が出来た）」にそっくりでしょ。こういうことは万国共通です。
 もちろん、その用事が何かちゃんと分かっているんであれば、そう伝えたって構いません。その場合は、

I've got a very important meeting coming up.
（とても重要な打ち合わせが入っています）
のように言えばいいわけです。

3-4

> Help me out. I can't come up with any good idea.
> (助けてよ。いいアイデアが全く浮かばないんだ)

　come up with ~ はそのまま日本語にすれば「~を持ってくる」という感じ。上の例なら、「いいアイデアを持って来れない」。つまり、

いいアイデアが浮かばない

ってこと。「心に浮かぶ」は occur だって学校では習いますけどね。もっと簡単な come で大丈夫。簡単な言い回しがあればそっちを使うのが人の常。今日からはこっちで行きましょう。

3-5

> How is your film coming along?
> (あんたの映画、どんな感じで来てる？)

　川か何かに「沿って」進む雰囲気の along。come along はそんな感じで「やって来る」こと。それじゃ、「あなたの映画はどんな感じでやって来ていますか?」って、どういうこと？日本語で、

いい感じで「来てる」

って言うでしょ。あれです。仕事上のプロジェクトでも学校

3．接近の Come

に出す論文でも、相手が何かプロジェクトめいたものに取り組んでいることを知っている場合に、

例のあれ、どんな感じで来てるの?

って具合にあいさつ代わりに使う決まり文句です。

3-6

You don't have a ride? OK, I'll come and pick you up.（足、ないの?　だったら、迎えに行くよ）

これは基本中の基本。しっかり押さえておきましょう。特にアメリカは車社会。足がないとほんとに困ります。「拾う」の pick up が、この場合

車で拾う

という感じになるのは、違和感ありませんよね。

3-7

Tommy came out of the closet.
（Tommy は自分がゲイであることを公にした）

これを理解するには英語の closet に日本語の「押入れ」に似た

薄暗い響き

があることを理解しなければなりません。例えば、

He acts like he doesn't care about porn-mags at all,

but I bet he is a closet reader.
(あいつ、エロ本なんて見向きもしないような顔してるけど、きっとかげでこっそり読んでるんだぜ)
の closet reader。closet からにじみでる「押入れの中に
隠れてこっそり
と読んでいるような感じ」、分かりますか?
　これさえ押さえちゃえば come out of closet は分かったも同然。
come out of closet
はそんなじめじめとした暗いところから「出て来て」(come out)
「実はボク、ゲイだったんです…」って公にすること
なんです。こういう closet の使い方って差別のような気がしますけどね。
　ちなみに、この表現はとてもよく使われるせいか、縮めて
come out
だけで済ますことも多いみたいです
Tommy came out.
と聞いて「どっから出て来たの?」なんて言わないようにしてくださいね。

3．接近の Come

3-8

> A laptop comes in handy when you are on a trip.
> （旅をしているときには、ノート型のパソコンが便利だ）

　パソコンは、ほんとに便利。ボクもいま、自分のパソコンでこうして書いています。でも、旅先に大きなパソコンを丸ごと持っていくわけには行きません。そんなときにお手軽なのが、「ノート型パソコン」。これはちなみに、

laptop

と言います。「膝 (lap) に乗せる」ってことで。

　さて、本題の come in handy。「ハンディ」って言うといかにも

手のひらサイズで便利

って感じがするでしょ。これが、come in handy。簡単簡単。

3-9

> This type of weather tends to come and go.
> （この手の天気は移ろいやすい）

　come の反対は go。この二つを組みみ合わせて使うことだってよくあります。

　まずは上の come and go。「行ったり来たりする」わけだから、「そこにとどまらない」。つまり、

移ろいやすい

ってこと。

さて、「移ろいやすいもの」の代表格と言えば、

運。

これも、

Luck tends to come and go.
（運は移ろいやすいものだ）

でばっちり。かっこいい…。
さすらいの賭博師みたい。

3-10

What goes around comes around.（因果応報）

これも come と go の組み合わせ。「巡り行くものは巡り来る」???　禅問答か何かみたいですね。これって実は

因果応報

と同じこと。

なんだか難しそうですが、要は、

悪い事をすると必ず自分に跳ね返ってくるもんだよ

っていう、田舎のおばあちゃん的な知恵のことです。こういうのは東洋的なのかと思いきや、ちゃんと西洋にも同じような言葉があったってわけ。へぇ…

3. COME を使った会話

友達を誘ってみよう

A: What time do you want me to **come and pick you up**?
(何時に迎えに行けばいい？)

B: Actually, **something came up**, so I guess I can't make it tonight.
(あのさ、用が出来ちゃったんで今夜は付き合えそうもないわ)

A: Come on ... (またまたぁ)

B: I'm serious. I've got to finish this big paper by next Monday, but I can't even **come up with** an outline yet.
(ほんとだって。次の月曜までにこのでっかい論文を仕上げなきゃいけないのにアウトラインすら出来てないんだから)

A: Oh, OK. (そうかぁ、分かった)

B: What about you? Have you finished yours yet?
(お前こそどうなんだよ。終わったのか？)

A: I haven't. But mine is **coming along** pretty well.
(まだだけど、結構いい感じで来てるよ)

4. FALL は垂直落下

　fall と言えば秋。秋は落ち葉の季節。落ち葉のように引力に引かれて

落っこちる

のが fall。
　でも、ここで終わっちゃいけません。ここから先が肝心です。日本語でも「落ちる」が

「落第する」

になったり、

「落伍する」

になったりするでしょ。fall にだってそれに負けないくらい、深みも奥行きもあるんです。その当たりを見逃さないで下さいね。

4-1

Ann fell apart when she realized there was no way out.
（Annはどうしようもないことを悟って崩れ落ちた）

　fall が「離れ離れ」の apart とくっついて fall apart となる

4. Fall は垂直落下

と、
ばらばらになる。
…で、囲みの例だと、人が「ばらばらになる」ってのはつまり、取り乱したり泣き崩れたり、要するに
ぼろぼろになる
ってこと。もうちょっとしゃれたところでは、
崩れ落ちる。
ほらね、「ばらばら」と「落ちる」は結構縁が深いんです。

さて、せっかくだから似たような表現を一つ。
lose
って聞いたことあるでしょ。「失う」とか「なくす」という意味で使いますよね。これを使って、
Ann lost it.（Ann は我を失った）
と言うと、
我を失った
という感じになります。ちなみに、これは状況次第で、「怒りに我を失う」ことにも「混乱して我を失う」ことにも使えて、実に便利。それにしても、lose と「失う」…。英語も日本語も同じです。

ところで、
「ばらばら」
の fall apart は会合だのプロジェクトだのにも使えます。
The meeting completely fell apart.
（会合は収拾がつかなくなった）

確かに、「収拾がつかないもの」の代表選手は会議や会合。納得…。

4-2

> My presentation fell flat.
> （プレゼンテーションは散々な出来だった）

　fall apart にちょっと似た感じのところでは、この fall flat。これは

fall flat on one's face

から来た表現。on one's face ってことは顔が床なり地面なりに面してるわけだから「うつ伏せ」。だから、fall flat on one's face で

　　　　ペタン

ってうつ伏せに倒れる感じが出ます。

　それじゃ、囲みの例を。「プレゼンテーションがペタンとうつ伏せに倒れた」わけだから、要するに

うまく行かなかった

わけなんですが、ここで終わっちゃいけません。

　　　ペタン

なんて、なんだかみっともないでしょ。そういう

　　　　みっともなさや恥ずかしさ

が、この fall flat からはにじみ出てるんです。だから、「うまく行かなかった」なんて生易しいものじゃなくて、

散々だった

わけ。ここはしっかりつかんで下さいね。

4-3

> You'll fall flat on your face.
> (泣きを見ることになるぞ)

fall flat は囲みのように相手に対する注意や警告にも使えます。くだけた日本語にすれば、

泣きを見ることになるぞ。

ほらね、こうすると「みっともなさ」「恥ずかしさ」が伝わってくるでしょ。これを平たい英語にすれば

You'll fail.（失敗するぞ）

…でも、これじゃ fall flat の微妙な味までは出てきません。

4-4

> John fell out with his dad.
> (Johnは父親とけんか別れした)

「けんか」と言うとまず fight か quarrel。でも、上の fall out も忘れちゃいけません。

fall out の場合、「けんかをする」じゃなくて

けんか別れをする。

けんかしたからって憎しみ合いつづけるとは限らないでしょう？ fight したってそのあと一緒に「恨みっこなし」ってことで一杯やるかもしれない。でも fall out の場合は、

out!

ですから、そのまま遺恨を引きずって別れちゃうわけです。ちなみにこれは、

John and his dad had a falling out.

と言うこともよくあります。あわせて覚えてみてください。

4-5

> **I'm falling behind in the math class.**
> （数学の授業で後れを取っている）

お待たせしました。

落第 や 落伍

の「落ちる」がこの

fall behind。

「後に落っこちる」が「落第」「落伍」に結びつくのはなんとなく分かるでしょ。マラソン大会から学校や職場での競争まで、

他に後れを取る

は全てこれでOK。

　もう一つ、日常会話でよく使う fall behind と言えば、

I'm falling behind on my bills.

([クレジットカードなどの] 支払いが遅れている)
…。こういうことは、言わなくてすむに越したことはありませんけどね。

4-6

> He fell in with the wrong crowd.
> （奴はよくないやつらとくっついた）

out の反対は in。out が「別れ」なんだから、in は当然その反対。だから、

くっつく。

こういう当たり前のことがしっかりつかめてくると、英語が簡単になってきます。

さてさて、この「くっつく」の fall in が例のように

fall in with the wrong crowd

となると、微妙なニュアンスが出て来るのでそこをしっかりとつかまないといけません。

「よくない奴らとくっついている」ということは、「本人はそんなに悪い奴じゃない」とも受け取れますよね。つまり、「ほんとはそんなに悪い奴じゃないんだけど、たまたまよくない奴らと一緒だったんだ」。つまり、

They influenced him.（奴らのせいでそうなったんだ）

…で、これが例えば「だから、今回麻薬でしょっ引かれるようなことになったんだ」と続くわけ。

もう分かりましたね。これは、

かばい

の表現なんです。バカ息子を持った親に捧げる表現と言っておきましょう。

4-7

You'd better fall in line.（しゃんとしなさい）

これは軍隊を思い浮かべれば一目瞭然。line は整列した状態だと考えれば OK。そこに fall in するんだから「列に『おさまる』」ってこと。日本語でも、「あんまり道から外れないで

しゃんとしなさい

なんて言うでしょ。あれです。この「道から外れないで集団に従う」ってところがポイントですからしっかりおさえて下さいね。

4. FALL を使った会話

どこの親も言うこと一緒だぜ

A: I had a big **falling out** with my dad.
　　（親父とひどい喧嘩別れしてさ…）

B: Yeah? What happened?
　　（ほんと？ 何があったの？）

A: Nothing. I **fell behind** in math class.
　　（別に。俺が数学のクラスで落ちこぼれてさ）

B: Is that all?
　　（それだけ？）

A: No, I had a personality conflict with my teacher. So my dad tells me that I need to **fall in line**.
　　（いや、教師ともうまくいかなくてね。それで、親父が「しゃんとしろ」って言ってるわけ）

5. GETは矢印

　数ある英単語の中でも、getほど伸縮自在な単語はないんじゃないでしょうか。
伸縮自在
だからとても便利。実際、ちゃんと使えるようになると、難しい動詞をたくさん知らなくてもなんとかなっちゃうくらい重宝します。というのも、getには
｢あんまり細かいことには踏み込まずにとりあえず文を作ってしまえちゃう｣
っていうすごい能力があるからなんです。日本語で似たような能力を持つ言葉と言えば｢する｣。どんな動作だって｢する｣って言っちゃえばそれで通じちゃうところがあるでしょ。

　こんなふうに、getはすごく便利。でも、それだけ
奥が深い。
　この単語を100％使いこなしている外国人なんてほんとにいるのかなって、ボクは本気で思ってます。

　…前置きはこれくらいにして、そんなに奥が深いgetですが、とりあえず手がかりくらいはここでつかんでしまいましょう。いろんな切り口があるとは思いますが、ここでは
getは矢印である
とすることから始めます。なんだか乱暴過ぎて怒られちゃいそうですが、まずはきっかけをつかむことが大切。これがしっかり分かったところで、もう少し突っ込んで勉強すればい

いんです。それに、矢印みたいな単純な部分があればこそ、さっき言ったように「する」みたいな感覚でいろんな動作を表せちゃうところもあるんですから。

5-1

What are you getting at?（何が言いたいんだ？）

矢印の get に「点」の at。"what are you getting at" で「どの点に向かってるんだ」。ってことはつまり、「何を狙ってるんだ」。はい、もう分かりましたね。だから

何が言いたいんだ!?

になるわけです。

例えば、あなたがいま付き合っている男性の「もと彼女」と話をしているとしましょう。彼女はあなたのことを「彼に聞いて想像していたのとちょっと違った」なんて言ってきます。これが要するに、

「彼ったらなんであんたなんかと付き合ってんだか」

だってことは誰だって分かりますよね。こんなことを言われては、あなたも黙っていられません。こんなとき、普通、何と言いますか?

あんた、何が言いたいのよ!?

でしょ。それが

What are you getting at?

なのです。

5-2

> Rosy is getting back at you.
> （Rosy はお前に仕返しをしてるのさ）

　これも典型的な「矢印の get」。矢印の get に back だから、跳ね返ってくる感じ。…でもって、すぐ前でやった「点」の at が加わるから、

get back at

で、こっちの放った矢か何かが

キーン

って舞戻ってきちゃう感じがします。だから、

仕返しをする

になるんですね。

　例えば、囲みの Rosy があなたの上司だとしましょう。あなたは会議の席で彼女のプランがいかに穴だらけかを指摘し、彼女に大恥をかかせました。当然彼女は黙っちゃいません。あなたにわけもなく用事を言いつけたり、つまらない仕事ばかり押し付けたり…。それを見た同僚の口から出たのが上の例文というわけ。要するに

復讐。

怖いなぁ…。

5. Get は矢印

5-3

I'll get back to you as soon as possible.
（出来るだけ早く、折り返しお電話差し上げます）

今度は get back to。すぐ前の get back at とよく似てるでしょ。似てるけどぜんぜん違うから注意してください。

ポイントは、

「点」の **at**、「線」の **to**。

to は矢印 get の方向を指示するだけで、矢が「点」に向かって行く

「キーン」

って感じは伴わない。だから、get back to は「(単に) 折り返す」。

実はこれ、電話の決まり文句なんです。特に、留守番電話の応対メッセージには欠かせません。最初に「はい、〜です」って自分の名前を入れて、次に「ただいま出掛けております。発信音の後にメッセージをお残しください」。そうなると「締め」はやっぱり、

折り返しご連絡いたします

でしょ。これが

I will get back to you.

ってわけ。

5-4

Sorry, but I've got to get off.
（悪いけど、これで切らなきゃ…）

　これも、電話の決まり文句。「電話を切る」という動作はhang up。でも、これだと「切る」ってのがちょっと生々しすぎ。だから、かわりにもうちょっと柔らかいget offを使うことの方がずっと多いんです。この辺に英語文化の繊細さが垣間見えませんか？

　基本通り「矢印のget」に「離れていく」感じのoffをくっつけたと考えれば、「二人をつなぐ電話線から降りる（すなわち電話を切る）」という感覚は分かるでしょ。簡単簡単。

　ちなみに、電話を切るときには

I'll let you go.（それじゃ、そろそろ）

と言うこともよくあります。「letは許可」なんて学校では習いますが、この

I'll let you go.

には「お前を放してやる」なんて高圧的なニュアンスはどこにもありませんから注意してください。これは単純に、「こっちが切る」と言うよりも「そろそろ放してあげるよ」という方が響きがいいってことなんです。ほらね、やっぱり英語文化って奥ゆかしいところがあるでしょ？

5-5

> Let's get down to business.
> (仕事に取り掛かりましょう)

「前置きはこれくらいにして、そろそろビジネスに取りかかりましょうか」なんて言いますね。これが囲みの例。

これはこう考えてしまいましょう。床の上に重い重い荷物が置いてあると想像してください。あんまり重たいのでとりあえず放っておいたのですが、ずっとそうするわけにもいきません。そこであなたは重い腰を上げ、荷物に近づき、腰をかがめながら「どっこいしょ」とその荷物に取りかかります。

この腰をかがめて

どっこいしょ

という雰囲気を

get down to

から感じ取ってください。そうすれば、これが「(仕事などに)

どっこいしょととりかかる」

になるのは分かるはずです。

5-6

> You know English well enough to get by.
> (あんたの英語なら、なんとかやっていけるよ)

by は

何かのそばを通りすぎる

という感じ。だから、get by で、困難の間を縫うように進みながら

とりあえず何とかやっていく

となるわけ。上の例だと、「あんたの英語は

すっごくうまいってわけでもないけど、何とかやっていけるよ」

というニュアンスがよく出ています。

これを応用して、「ただただ何とか必死にやっていこうとする」と、ちょっぴり

悲壮感

を出すことも出来ます。この場合は、just をくっつけるだけで OK。

I'm trying so hard just to get by.
(ただなんとかやっていこうとこんなにがんばっている)

5-7

We may be able to get away with it.
(逃げ切れるかもしれない)

これもまた、基本に戻るのが一番。get は矢印。それに「遠ざかる」感じの away と何かを「伴う」感じの with がくっついています。ということは、get away with ~ で「~を持って

（伴って）遠ざかっていく（逃げていく）」ということ。つまり、get away with は

逃げ切る

なんですね。

　刑事ものなんて、この表現なしにはありえません。「そんなことして、『逃げ切れる』とでも思っていたのか！」って言わずにはいられないようなお説教好きが一人くらい登場するものでしょ。ちなみに「逃げ切れるとでも思っていたのか！」は、

Did you think you could get away with that!?
で OK。

　でも、話はここで終わりません。この get away with は「逃げ切れる」から転じて、

なんとかなる

という意味で使うことも多いんです。

　例えば、大きなプレゼンテーションのために同僚と準備をしているとしましょう。ところが、これが間に合いそうにありません。「大丈夫かなぁ」と不安がる彼にあなたが、

We may be able to get away with what we have.
（今までやってきた準備でなんとかなるんじゃないかなぁ）
と言えば、「ボクらが今持っているもので逃げ切れるんじゃないかなぁ」、つまり「今までやってきた準備で

なんとかなるんじゃないかなぁ」
と彼を安心させていることになります。

5-8

Let's get this thing over with.
（こいつを済ませちゃおう）

　これなんて、始めて聞くと何のことだかよく分からなくて困っちゃうかもしれません。でもご心配なく。これも基本に戻ればちゃんと分かるんです。この場合の over は
It's over.（もう終わり）
の over。囲みの「this thing」は「いま目の前にある仕事」だとしましょう。「矢印の get」でもって対象となるその仕事を over させる…ってことはつまり、

済ませる

ってこと。ほらね、別に大したことないでしょ？
　ちなみにこれは、
Let's get this thing done.
ともよく言います。これも「『矢印の get』によって this thing（その仕事）を done（し終わった）状態にする」ってことだから、結局

済ませる

になっちゃうわけ。ほらね、言い方は違うけど、

矢印の **get**

って基本は全く変わりません。
　ところで、
bitch

5. Get は矢印

って言葉、聞いたことありませんか？ あるでしょ？ 要するに「嫌な女」。ところが、そこから

面倒なもの

って意味になることがよくあるんです。確かに「嫌な女」にかかわるのは「面倒」な気もしますけどね。それにしても、女の人にしてみればなんと失礼な話でしょう…。

それはともかく、「これを済ませちゃいましょう」を「この

面倒なもの

を済ませちゃおう」というニュアンスに変えたければ、

Let's get this bitch done.

と言うことが出来るわけです。ただし、bitch は卑俗語ってことになってますから、使う際にはくれぐれもご注意を。

5. GET を使った会話

ありそうな会話

[on the phone（電話で）]

A: All right, I'd better **get off**.
　　　（そしたら、そろそろ切るわ）

B: Yeah, I'd better let you go back to work.
　　　（そうだね。仕事に戻りなよ）

A: Yup. I really need to **get this thing done** by tomorrow morning.
　　　（ああ。明日の朝までにこいつをちゃんと仕上げないとね）

B: Can you make it?
　　　（できそう？）

A: I'm pretty sure I can. If I can't, I think I can **get away with** what I've got so far anyway.
　　　（大丈夫だと思うよ。もしだめでも、今までに仕上げた分でなんとかなるだろうし）

B: Cool. All right, talk to you later.
　　　（そいつはよかった。それじゃ、また）

A: Later.
　　　（また）

6. 気前のいい GIVE?

　give は「与える」。でも、だからって気前がいいとは限りません。日本語だって「苦痛を与える」「試練を与える」なんて言うでしょ。与えるのはいつもいつもいいものばっかりとは限りません。これは give も同じこと。その辺に気を付けながら読み進んでみてください。

6-1

Am I giving you a hard time?
（私のせいで、あんた大変な思いをしてるわけ？）

　これなんか、与えてもらってもちっともありがたくないものの典型。hard time だから、字面通りには「辛い時」。全文は「私はあなたに辛い時を与えているのか」。つまり、

私のせいであなたはつらい思いをしているのか

ということ。

　例えば、彼女と口げんかになったとしましょう。速射砲のようにがなりたてる彼女にあなたは何を言っていいか分からず、ひたすら黙っています。そこで彼女が上のように

Am I giving you a hard time?

と追い撃ちをかけてきました。具体的には、「何だっての、あんた、さっきからだまっちゃって。それってみんな私のせい？

私のせいで、あんた、大変な思いをしてるわけ？

なによ、被害者ぶっちゃって…」ということ。これが全部
Am I giving you a hard time?
の一行で表されちゃうんだから、なかなかすごいですよね。

6-2

> Give me a second. I'll be right with you.
> （ちょっとお待ちください。すぐに参りますから）

　これは、お店や銀行の窓口などで聞く決まり文句。
Give me a second.
だからって、「一秒くれ」と言ってるわけじゃありません。「a second（一秒）に象徴される、ちょっとした時間をくれ」と言っているわけです。つまり、

ちょっとお時間下さい。

結局「ちょっと待ってくれませんか？」となるわけです。

6. 気前のいい Give?

6-3

Give me a break!（勘弁してくれよ）

break の章で、名詞の break が休み時間のような「何か一続きのものが途切れるところ」という感じになることを確かめましたね。これは一言で言えば、

隙間。

よく知られた「休み時間」の break だって、勉強時間や就労時間の「隙間」です。

…ということは、囲みは「『隙間』をくれ」???　これがどうして「勘弁してくれよ!」になるかって?　日本語でだって、

馬鹿も「休み休み」言え

って言うでしょ。あれと同じことです。つまり、「『隙間』をくれ」→「馬鹿も『休み休み』言え（やれ）」→「全く勘弁してくれよ!」ってこと。ちゃんと break と「休み」が対応してるでしょ。

例えば、彼氏と買い物に行ったら、「お前、金遣いが荒いよなあ」としつこく言われたとしましょう。けっこう財布のひもが固いつもりのあなたにとっては心外もいいところ。そんなときには、

Come on, give me a break. I don't spend that much.
（何言ってんのよ。そんなに遣ってないわ）

6-4

Steve has been giving me a lot of grief.
（Steveのせいでいらいらさせられっぱなしだ）

　grief は「（深い）悲しみ」って学校で習いましたよね。確かにそういう意味で使うこともあるんですが、会話で上のように give と組み合わさった場合には十中八九

イライラ

という意味で使われています。ここは意外な盲点かもしれません。

　例えば、Steve が会社の上司で、切れ者どころか全く何も分かっていないとしましょう。あなたがせっかく期日通りに仕事をしても、彼のところで仕事はストップ。これでは何のために一生懸命にやっているのか分かりません。そんなときには囲みの出番。

　あるいは、Steve が出来るけれども嫌な上司だったとしましょう。あなたのちょっとしたミスをあげつらったり、毎日のようにこっちのストレスがたまるようなことばかりしてきます。これもまた、

Steve has been giving me a lot of grief.

となります。

6-5

The dog gave off some funny smell.
(その犬は変な臭いを発していた)

「与える」の give に「分離」の off がくっついて give off となると、

発する。

中心になる人や物があって、そこから何かが外向きに発散されていく光景を思い浮かべればばっちりです。

「発する」のは囲みの例のように「臭い」ばかりとは限りません。例えば「印象」や「雰囲気」のような五感では捉えられないようなものも「発する」でしょ。これも、

Rachael gave off the impression that she didn't care about our project at all.
(Rachael には私たちのプロジェクトを全く気にもかけていないような印象を受けた)

のように give off でカバーできます。会話ではこっちの方が多いかもしれませんね。

6-6

Don't give up.（あきらめないで）

　野球でもサッカーでも、スポーツ根性物の漫画と実に縁が深いのがこの表現。必ずヒロイン的存在の女の子ってのがいて、その子がことあるごとに、

あきらめないで

って主人公たちを励ますわけ。その英語版が、
Don't give up.
なんですね。これはおなじみの表現なので、とりあえず素通りして次の give in のところでもう一回触れます。

6-7

You shouldn't give in so easily.
（そんなに簡単に屈しちゃだめだよ）

　さて、上の give up にちょっと似ているのがこの give in。違いをしっかり押さえましょう。
give up は「drink up（飲み干す）」なんかの up が入ってるし、「何をやっているか」「原因が何か」なんてことにかかわらずいかにも

やーめた

って
「完全に」あきらめた

6. 気前のいい Give?

感じがします。

　これに対して、give in ってのは必ず相手がいて、相手にこっちが譲って

ペコッ

って
「へこむ」
感じ。この「(中に)へこむ」のが in によって表されてるわけ。手頃な日本語では、

折れる。

「屈する」って意味でよく使うでしょ。あれです。
　例えば、取引先との交渉が難航しているとしましょう。こで、「こんなに面倒なことするくらいなら

もうやーめた!」

ならば give up、「どうしてもその取引を成功させなければいけないから、こっちが屈して

相手の要求を飲む」

ならば give in となるわけ。なるほどね…。

6-8

I don't want to give the whole story away.
（話を全部ばらしちゃいたくはないからさ…）

この give away もほんとによく使います。「与える」のgiveに「遠ざかる」awayがくっつくと、感じとしては

投売りとか無料サンプル

みたいに、

ホイホイ

とあげちゃう感じになります。投売りの商品を「はいそれじゃ受け取ってくださいね」って具合に「遠く（away）」に投げ「与える（give）」ところを思い描けばすんなり頭に入るんじゃないでしょうか。

さてさて、ここからが本番。この「投売り」が囲みの例のように、

すっかりばらす

という意味になることがよくあります。確かに「話の内容の投売り」は「ばらす」こと。納得でしょ。

Don't give the whole story away. I'm going to go see the movie myself.（話を全部ばらさないでくれよ。その映画、自分で見に行くつもりなんだから）

また、give away は give-away で名詞になることも出来ます。これは dead とくっついて

dead give-away

として使われることがしばしば。この場合の dead は「死んだ」じゃなくて

全くの

という感じの強調語。dead give-away で

あからさまにすっかりばらすもの

となります。

　例えば、推理ものの映画を見てると、何かの拍子に犯人が誰だかすっかり分かっちゃうことがありますね。ある登場人物が突然不審な行動を始めたとか、変な目つきをしたとか。それこそまさに、dead give-away。例えば、

When he did it, that was a dead give-away.

(奴がそうした瞬間、全てが分かってしまった)

のように使います。

6. GIVE を使った会話

時にはこんな会話も

A: What movie are we going to see?
 (どの映画を見に行くの？)

B: **Give me a second**. I've got a paper here. Let me open up the movie section… Man, I didn't know "Full Metal Jacket" was playing this week. Of course you've seen it, haven't you?
 (ちょっと待って。新聞があるからさ、映画のところを開いてみるよ。ほんとかよ、「Full Metal Jacket」が今週やってるなんて知らなかったな。もちろん見たことあるよね)

A: No, I haven't.
 (いや)

B: Are you serious? This is one of the best war movies of all time. The first half of the story takes place in the boot camp. And this drill instructor…
 (ほんとに？これは史上最高の戦争映画の一つだぜ。話の最初半分は新兵の訓練所でさ。そこの教官ってのが…)

A: Hey, don't **give away** the whole thing. Why don't we go see it now?
 (おい、全部ばらすなよ。今から見に行こうぜ)

7. Go は進行信号

　go は「行く」と習います。ここで大事なのは、「行く」が

進んで「行く」や 離れて「行く」

みたいな広がりを持つってこと。特に、「接近」の come と対照すると「『離れて』行く」という雰囲気は無視できません。実際、そうした雰囲気を強く持つ表現がいくつか出てきます。確かめてみてください。

7-1

How is it going?（調子はどう？）

　こういう it ってのは日本語にないだけにちょっとやっかいかもしれませんね。要するに、特定したくないか、特定する必要がないからこんなふうに言うわけ。でも、これは文法の本じゃないのでとりあえず深入りは避けて、囲みの例なら、

How is everything going?

と言い換えられるってことだけ確認して素通りしちゃいましょう。これは、そのまま日本語にすると、「物事がどんな感じで進んでいるか」。でも、そんなにまじめな話じゃありません。要するに、

調子はどう？

って聞いてるわけ。「いちいち本気で聞いているわけじゃない」ってのは、it を使ってあいまいに済ませていることからも分

かるでしょ。

　…もう分かりましたね。そう、これはかの有名な、誰もが中学校一年生の英語の教科書の最初で習う

How are you?（元気ですか？）

の類似表現なんです。でも、ボクの観察では、友達同士ではむしろ、

How is it going?（調子はどう？）

などと言うことの方がむしろ多いみたい。ちなみに、最近日本でも若者を中心によく知られている

What's up?

になるともう、

　　　　　　よぉ

って、とことんくだけた感じになっちゃいます。また、go を使って、

What's going on?

とあいさつ代わりに言うこともしばしば。これも「何が起こっているのか」いちいち聞いてるわけじゃないんですね。これまた、ほとんど

　　よぉ

みたいなものです。

7-2

> We are going to go with Bill's plan.
> (Bill のプランで行こう)

　日本語でも、「今日の夕食はラーメンで行こう」「係長のアイデアで行こう」などといいますね。これは英語では
go with。
「〜で行く」そのままでしょ。うそみたい？
「〜で行く」ってことは、
　　その路線をとる。
つまりこれは、

　　　　　　採用の go with

です。
　例えば、友達と写真を撮っているとしましょう。構図や照明が決まったら、相手に向かって、
Let's go with this.（これで行こう）
と言えばいいわけです。

7-3

> Scott doesn't have enough get-up-and-go.
> (Scottは「やる気」に欠けている)

　get-up-and-go で一続きの名詞として使われます。そのまま日本語にすれば「起き上がって行く」こと。つまり、そうす

るだけの

意欲とかやる気

のことです。だから、上の例は「普通」の英語に直すと、

Scott is not very motivated.

(Scott はあまり前向きでない)

となります。

　…でも、get up and go の方が「起き上がって、行く」ってのが目に見えて、分かりやすいですよね。

7-4

Go ahead.（どうぞ）

　これは、会話の必須表現の一つ。ahead は「前」だから、go ahead は「前へ行く」。命令形なら「前へ行け」。つまり、「先へ

どうぞ

進んでください」ってこと。

　例えば、友達に「煙草、吸ってもいい？」と聞かれた時にこう言えば、「どうぞ」（吸ってください）となります。

　また、こんな状況も考えられます。話しているときにこちらと相手が同時に何かを言いかけることってよくあるでしょ。これもまた、

Go ahead.

の出番。この場合は、文字通りの

お先にどうぞ

という感じがより強く出ています。

7-5

Go for it.（やってみなよ）

これは、励ましの言葉。上のgo aheadを使って言い換えれば、
Go ahead and try.（やってみなよ）

例えば、友達が「8月いっぱいで仕事を辞めて、9月からアメリカに留学しようと思うんだ…」と相談してきたとしましょう。「やってみなよ」と賛意を示して応援したければ、

Go for it.

ってわけ。似たような表現

Give it a try.
Give it a shot.

などがあります。

7-6

Kevin went off on me.
（Kevinは私に当り散らした）

giveの章でgive offに触れました。offには

発散

の意味が含まれるってことでしたね。

　この go off も基本は同じ。「進行」の go とくっついてますから、何かが

勢いよく発散していく

ってことになります。それじゃ何が発散するのかと言うと、囲みの場合、

　　　怒り。

「怒りを発散する」で、

　　　　　頭に来て当り散らす

となります。

7-7

> Why don't you get a divorce?　You've gone through so much.
> (どうして離婚しないの？　もうたくさんじゃないか)

　今度は go through。これは割と素直。through だから、「通り抜ける」感じ。日本語でも

修羅場をくぐり抜ける

なんて言うでしょ。この

くぐり抜ける

感じがうまくこもるのがこの go through。「困難を経験する」、「耐え忍ぶ」の go through とつかんでおきましょう。

7. Go は進行信号

7-8

Are you going out with Kim?
(Kim と付き合ってるの？)

　男女の話は万国共通。「生きた」会話には欠かせません。くっついたの離れたの、なかなか忙しいものです。
　…そうは言っても、日本語でだって、

彼らは交際しているんですか？

なんて、よほど文学的な人でもないかぎり言わないもの。普通は、

付き合ってるの？

で済ませちゃう。これでなぜか「男女として交際している」ということになっちゃいますよね。
　英語も全く同じこと。例文のように go out with を使うことがほとんど。「go out with（一緒に外出する）」って、「付き合ってる」に似たカジュアル感があるでしょ。
　参考までに、デートするは英語でもやっぱり date。これを使って

Are you dating Kim?

と聞くこともよくあります。ただし、「デートしてるの？」が「今現在デートという行為を行っているかどうか」を聞くことはほとんどなく、「デートする間柄にあるか（つまり、付き合っているか）」を聞くことがほとんど。その辺はちょっと注意しておいてください。

7-9

> For here or to go?（こちらでお召し上がりになりますか？それともお持ち帰りになりますか？）

　外食産業王国アメリカに来て外食を全くしない人は、まずいないはず。特に、若い人たちはハンバーガーショップなどのファストフード店に出入りすることも多いでしょう。そんな店に入って、最初に受ける洗礼がこれ。早口だから、何を言っているのかすら初めは分からないはずです。
　これは実は、

Is that for here or to go?

の is that が落っこちた形。この場合の that は「あなたが注文したもの」。ほら、見えてきたでしょ。

注文の品はここで食べるのか（for here）、それとも持ち帰るのか（to go）

と聞いているんですね。
　それにしてもこれ、英語の語感のまま日本語にすれば、

ここで食べる、それとも持ちかえり？

こんなことを言う受付は、日本じゃめったにお目にかかれません。言葉ばっかり丁寧で態度が伴ってないのもあんまり気分はよくないですけどね。文化の違いを感じます。

7. GO を使った会話

別れの理由？

A: **What's going on?**
(何かあった？)

B: Not much. How about you?
(別に。そっちは？)

A: Same here. Hey, you mind if I smoke a cigarette?
(こっちもさ。なぁ、たばこ吸ってもいい？)

B: **Go ahead.**
(いいよ)

A: Thanks. So…, are you still **going out with** Allison?
(ありがとう。それで…、まだ Allison と付き合ってんの)

B: No, actually, we just broke up.
(いや、実は最近別れた)

A: Sorry to hear that. What happened?
(そうかぁ…。でも、どうして？)

B: Nothing. She just **went off** on me one day for no reason, and I haven't heard from her since.
(別に。あいつの方がある日わけもなく怒り出して、それっきり音沙汰なしってわけ)

■8. HANG はぶらぶら

「ハンガー」を「洋服掛け」なんて言ったら、それこそ本で日本語を覚えた外国人みたいに聞こえますよね。それくらい、「ハンガー」は日本語になっています。これはもちろん hanger のこと。そのもととなるのがここで扱う hang です。
「洋服掛け」からも分かるように、hang の根っこは

「何かに引っ掛ける（あるいは引っ掛かってぶら下がっている）」。

ここさえしっかりつかめばこの単語はそんなに怖くありません。気楽に行ってみましょう。

8-1

Just hanging out.（ちょっとぶらついてるだけ）

街を歩いていて友達にばったり会ったとします。

What are you doing here?（何やってんの？）

と聞かれて、あなたは上のように言葉を返しました。

　hang を含む俗語表現といえばまずこれ。これを知らなきゃ友達と遊びにも行けません。「hang out だから外にぶら下がってる???」なんて考え込まなくても大丈夫。要するに、

ぶらぶらする

ってこと。ほらね、「引っ掛かる」が「ぶら下がる」になって「ぶら下がる」が

ぶらぶら

になってるでしょ。この「ぶらぶら」にあるいかにも

気楽

な感じが hang out からにじみ出てるわけ。日本語の「ぶらつく」だって、

たいした目的もなく気楽に時間を過ごしている

ってことでしょ。全く同じです。

8-2

> Where do you usually hang out?
> （いつもどの辺で遊んでんの？）

hang out と言えば、これも絶対に欠かせません。ここで注意したいのは、「ぶらつく」の hang out が「（暇なときに）遊ぶ」という感じになっていること。「よくぶらつく」ってことは「そこへよく行って遊ぶ」ってことだから、納得ですよね。

ちなみに、そんなふうによく行く遊び場の事を

たまり場

なんて言うでしょ。これは hang と out をくっつけて

hangout

と言います。そのまんまですね。

8-3

I've got a hangover.（二日酔いです）

　これも忘れちゃいけません。over は時間や空間を「経る」とか「通り越す」感じ。だから、hangover は昨日の夜から持ち「越して」今朝もまだ頭の中にしつこく残っているもの…なんですけど、一体何でしょうか？

　はい、答えは

二日酔い。

飲みすぎると次の朝になってもまだ頭が痛いでしょ。あれがこの hangover（今朝になってもまだ残っているもの）。

　会社なんかで「どうしたの、顔色よくないんじゃない？」なんて聞かれて、「実は二日酔いなんです…」と応えるときにはこの一言です。

8-4

How is it hanging?（調子はどう？）

「それはどんなふうにぶら下がっているか？」???　難しく考えることはありません。これは、go のところでカバーした

How is it going?

と同じことなんです。相手に「調子どう」ってあいさつしてるわけ。だから、「何がぶら下がってるんだっけ…」なんて考え込まないで、

8. Hang はぶらぶら

Not too bad. How about you?
(悪くないよ。そっちはどう？)
とでも言っておけばいいんです。

　そうは言っても、どうして hang なのか気になるところではあります。一説にはこれは睾丸のことらしい。ってことは、
玉のぶら下がり具合はどうだい？
って聞いてることになっちゃいますね。いいのかな、そんなこと毎日のように大きな声で言って…。

　でも、これはただの俗説でしょう。もしも睾丸の話なら
How are they hanging?
って
複数形
にしなきゃおかしいですもんね。

8-5

Hang in there.（大変だろうけど、がんばって）

　これは、辛そうにしている相手にかける励ましの言葉。例えば、試験勉強のせいで徹夜続きの友達がいたとしましょう。あなたは彼に励ましのメールを送ります。いろんな励まし方があるでしょうけど、結びはやっぱり、

大変だろうけど、がんばって。

これこそ

hang in there。

　there ってのは彼が今いる「つらい状況」。hang in there で「大変だけど、歯を食いしばってこらえる」という感じ。あえて hang を生かして視覚化するなら、断崖かどこかに必死で「ぶら下がってる」様子を思い描けばいいでしょう。手を放せば奈落の底。何がなんでもここは必死でこらえなきゃいけません。それが

hang in there。

　さて、この hang in there は病気などで辛そうにしている本人の口から出てくることもよくあります。「大丈夫?」を聞かれて、

I'm hanging in there.（まあ、なんとかね）

と答えるのがその典型。「なんとかぶら下がってる」が「まあなんとか持ちこたえている」になるのは分かるでしょ。

　ちなみにこんなときには、他の基本単語を生かして、

I'm making it.（なんとかやってるよ）
I'm still alive.（まだなんとか生きてるよ）
などと言うことも出来ます。

8-6

> Will you hang on just a second?
> （ちょっと待ってて）

　hang に「接触」や「継続」の on がくっついて hang on となると「ぶら下がり続ける」。会話では、これで「ちょっと待ってくれない」という意味になります。

　いろんな場面で使いますが、一番使えるのは電話。キャッチホンが入ったとか、突然トイレに行きたくなったとか、玄関のベルが鳴ったとか、

ちょっと待っててくれない?

と言うことは意外に多いもの。そんなときには、

Will you hang on just a second?

です。

また、hang on は文字通りに「つかまる（つかまっておく）」という意味でも使います。例えば、

Hang on tight!（しっかりつかまって）

8-7

> I can't believe she hung up on me. (信じられないよ。あいつったら一方的に電話を切りやがった)

　もう一つ電話がらみの hang で忘れちゃいけないのがこの hang up。これは

電話を切る

ってこと。ただし、get のところでカバーした get off なんかと違って

ガチャン

って音が聞こえてくるので注意が必要です。上の例のように誰かがあなたに対して hang up してきたらそれは

一方的に切った

ってこと。すっごく失礼なことなんですね。ここはしっかり押さえてください。

　なんで hang なのかって、それは壁掛け式の電話機を頭に描けばばっちりでしょ。受話器を「ガチャン!」って乱暴に「引っ掛ける」図も無理なく浮かんでくるはずです。

8-8

> I don't understand why you are so hung up on her. (おまえがどうしてそんなに彼女にこだわるのか、俺には分からないよ)

8. Hang はぶらぶら

　さっきの hang up によく似ていますね。でも、ぜんぜん違うから気をつけて。どこが違うって、be 動詞が入って

be hung up on

になってるでしょ、こっちは。これが入ってるのと入ってないのじゃえらい違いなんだから。

　それじゃ、どこが違うのかと言うと、on の働きが全然違ってきちゃうんですね。さっきの例では、

　　　ガチャン!

って「こっちに『対して』向こうが受話器を置く」の「対して」が on でした。つまり、「ガチャンと電話を切る」という動作が「私（me）」に向けられていることを示していたわけ。でも、今度の on は

　　くっついて離れない

って感じの on なんです。それじゃ、どんなふうに「くっついて離れない」のかというと、

　　頭から離れない。

もう分かったでしょ。「君のことが頭から離れない…」の「頭から離れない」です。ちょっと角度を変えて、

「こだわりを捨てきれない。」

なんて言い方も出来るかもしれません。

Why are you still so hung up on her? Don't you realize it's over?（どうしてまだ彼女にそんなにこだわってるんだ？もう終わったって事がわからないのか？）

8-9

Don't worry. You'll get the hang of it.
（大丈夫。じきに分かるようになるから）

　hang は上のように名詞として使うことも出来ます。get the hang で「『（ぶら下がる）手がかり』をつかむ」。でも、ちょっと注意が必要です。

　hang ってのはあくまでも「何かに引っ掛かって
ぶらぶら
とぶら下がる」ってことなんであって、これ自体では
「しっかり
つかむ」という感じがしません。だから、「手がかりをつかむ」と言っても、「しっかりつかまなくてもいいような
簡単なものをつかむ」、
もしくは
「あんたなら大丈夫だから」
っていう気楽さが入り込んできます。
言い換えれば

I'm confident that you can do it.
（あなたならきっとできるよ）
ってこと。

　例えば、自動車教習所に最近通い始めた友達がいるとしましょう。「ちゃんと運転できるのかなあ」なんて、心配しています。そこで囲みのように

8. Hang はぶらぶら

Don't worry. You'll get the hang of it.
と言えば、「大丈夫。じきに出来るようになるから」なんですが、その背後には、
「たいして難しくないし、誰だって出来るんだから」
ってニュアンスが隠れてるってわけ。なるほどね。

　英語もそう。始めは「できるかなあ」って結構緊張しちゃったりするものですが、しばらくがんばればきっと大丈夫。
Don't worry. You'll get the hang of it.

8. HANG を使った会話

携帯だとこんなことはないけれど

A: What are you doing here?
　　（なにしてんの？）

B: Just **hanging out**.
　　（ぶらついてるだけ）

A: You look pale. Are you all right?
　　（顔が青いよ。大丈夫？）

B: I'm all right. I still have a **hangover** from last night. That's all.
　　（大丈夫。夕べの酒がまだ残っててさ。それだけ）

A: Sorry to hear that. Hey, do you have Cathy's number by any chance?
　　（大丈夫かよ…。あっ、ところでさ、ひょっとして Cathy の電話番号持ってない？）

B: Maybe I do. **Hang on**.
　　（持ってるかも。ちょっと待って）

9. KEEP のここをキープ！

keep は「キープ」。「ボトルキープ」のキープ。「キープしとく」のキープ。既に日本語になってるし、いまさら説明の必要はありませんね。

この単語の根っこは、

（そのままの状待に）保つ。

以下の用例もすべてこれで大丈夫。信じられないほど柔軟な使われ方をする基本動詞の中では、もっとも素直な部類です。

9-1

I think that will keep all right in the freezer.
（それ、冷凍庫に入れておけば持つんじゃないかなあ）

意外な盲点なのがこの keep。この場合の that は食べ物。何か好きなものを思い浮かべてみてください。この場合の keep は日本語の

持つ

にぴったり。「保存がきく」なんていちいち言わずに「持つ」ですませるでしょ。あれです。

9-2

Sorry I kept you waiting so long.
(ごめんね、こんなに待たせちゃって)

これは、待ち合わせに欠かせません。特に、遅れがちの人に、早い話が、

待たせてごめん!

ほら、これも「相手を待っている状態に『保っておく』」。だんだん分かって来たでしょ。

9-3

My project kept me busy all afternoon.
(プロジェクトのせいで午後中忙しかった)

「keep の後に人と形容詞が来たら…」、なんていちいち考えないで。そう言うことを考えるから、話せるものも話せなくなっちゃいます。

"~ keep me busy" で「~のせいで忙しい」
と決まり文句的につかんでしまいましょう。

これも、keep を生かしたければ、「~のせいで忙しい状態を保っている」。ちなみに、keep によく似た stay を使って
Stay busy, so your boss won't think you are slacking off. (忙しくしてろよ。怠けてるって上司が思わないように)
のように言うこともできます。あわせて覚えてみてください。

9-4

Keep your nose clean.（無茶するなよ）

上の keep you busy と同じ形。これも、「おまえの鼻をきれいにしておけ」なんて考えちゃいけません。これで、
Stay out of trouble.（面倒に巻き込まれないように）
ということなんですね。

「鼻が汚くなる」ってのは、英語文化ではなかなか象徴的で、何か面倒なことに巻き込まれたことを意味します。けんかして鼻血が出たところを思い浮かべれば、「鼻が汚れる＝面倒に巻き込まれる」って図式は見えるでしょ。だから、「鼻をきれいにしておく」ってのは「面倒に巻き込まれないようにする」つまり、

無茶をしない

ってこと。なるほどなるほど。

9-5

I'll keep you posted.（何かあったらお知らせします）

これまた全く同じ形。これは電話やメールの終わりに付け加える決まり文句。この場合の post は
最新のメッセージを伝える
という感じ。「ポスト」マンが新しい手紙を持ってきてくれるところを思い描けばばっちりです。「保つの keep」を生かせば、

「常に最新の情報を伝え続ける」。

言葉を換えれば、

I'll keep you up to date.（随時お知らせします）

ってこと。up to date は「最新流行」という感じで既に日本語になってるし、違和感はありませんよね。囲みは全文で、「何か(追加や変更が)あったらすぐに知らせるから」となります。ビジネスでも、旅行の日程でも、

お知らせします

はみんなこれで OK。

　「お知らせします」が分かったら、次に気になるのは「お知らせください」。これは、you と me をかえて、

Keep me posted.

とするだけ。簡単でしょ？

9-6

Keep in touch.（連絡してくださいね）

　電話やメールを締めくくる決まり文句と言えば、これもよく使います。「接触した状態を保つ」???　いやらしいなんて早とちりしないように。この場合の touch は「接触」というよりは「連絡」。

これからも連絡してくださいね

ということです。

　ただし、これも

What's going on?

などと同じく、本来の意味が薄れて単なるあいさつとして使われることのほうが多いくらい。日本人も

「連絡下さいよ」

とか

「こんど飲みましょうよ」

って言うだけで、ほんとに連絡を待ってるわけじゃないってことはよくあるでしょ。英語圏の人が特に人でなしってわけじゃないんですね。よかったよかった…、でもないか。

9-7

Bad weather kept us from having our picnic.
（悪天候のせいでピクニックが出来なかった）

これは受験英語の定番。「keep from で『〜するのを妨げる』」なんて習いませんでしたか？

これは from の前に away を入れてみるとはっきりします。keep A away from B で「A を B から離れたところに保つ」ですね。この「距離を保つ」が「妨げる」につながっているというわけなんです。

ちなみにこれ、「〜が妨げる」と覚えるより、

〜のせいでできない

とつかんだ方がずっと自然だし応用が利きます。例文を見てください。「悪天候はわれわれがピクニックをするのを妨げた」

じゃ、ほとんど古文でしょ？　口語では、「悪天候のせいでピクニックをできなかった」と言うものです。

9-8

> You are way too fast. I can't keep up with you.
> （おまえ、早過ぎるよ。ついて行けやしない。）

　友達と二人でジョギングをしているところを思い浮かべてください。ブームが去って久しいですが、根強いジョギングファンは健在。彼もその一人です。軽く流すつもりが、彼はどんどん飛ばしていきます。そこでこの例文。「(相手が速すぎて)一緒に走り続けることができない」ってこと。よりくだけた日本語では、

　　　ついて行けない

あたりが手頃でしょう。子供の頃は、

I can't keep up with the math class.
（算数の授業について行けない）

なんて、あとから考えればどうでもいいようなことに結構悩んだりするもの。これも keep up で OKです。がんばれ子供たち。

9-9

> Keep it up!（そのままがんばれ！）

9. Keep のここをキープ！

　いまどき、

I'm doing really well in math!

（算数、ばっちりやってるよ！）

なんて両親に健気に報告したりする子供はどれくらいいるんでしょうか。それはともかく、一生懸命がんばってる子供は、必ずいるはずです。子供に限りませんよね。がんばってる人は必ずいます。そんな人を「そのままがんばれ!」と励ますのがこの

keep it up。

この場合の it は「がんばっている状態」。だから keep it up で「そのがんばった状態を保ちなさい」となるんですね。つまり、

そのままがんばれ!

　同じ「がんばれ」でも
「今の状態を持続して

がんばれ」ってところが他とは一味違います。

9-10

Keep in mind that we are leaving at 3 o'clock.
（3時きっかりに発つってことはしっかり覚えておいて下さい）

　「忘れないで…」が殺し文句になることはあるにしても、普通はやっぱり

「覚えておいてください」

と頼むもの。相手が忘れる前から「忘れるな」では失礼でしょ。これは

keep in mind。

「心の中に保つ」ってことは結局「覚えておく」。そのまんまです。

9-11

> Will you keep an eye on my luggage, please?
> (荷物を見ておいてくれませんか？)

「私の荷物に目を保っておいてください」???　知らないと面食らいますが、日本語にも似たようなものがちゃんとあります。

「目を配っておいてください」

なんて言うでしょ。これは、早い話が、

(荷物を)見ておいてください

ってこと。ほら、観光なんかでいかにも使いそう。でも、こう頼んだばかりにかえって荷物がなくなることもありますからくれぐれもご注意を。

9. KEEP を使った会話

真面目だね

A: Sorry I **kept you waiting** so long.
(こんなに長く待たせてごめんね)

B: That's O.K.
(いいよいいよ)

A: My job **kept me from** leaving on time...
(仕事のせいで時間どおりに出て来れなくて)

B: It's good to **keep yourself busy**.
(忙しくしてるってのはいいことじゃない)

A: I guess you are right.
(そうなんだろうね)

B: I'm pretty busy myself.
(俺も結構忙しくてさ)

A: You are?
(そうなの?)

B: Yeah. I just started going to a community college. I need to do lots of homework to **keep up with** the class.
(ああ。つい最近コミュニティカレッジに行き始めてね。授業について行くために家でもしっかり勉強しないといけないから)

10. いろんな KICK の仕方

kick は

KicK

と

K

でサンドイッチされています。この K を意識しながら発音してみて下さい。とっても歯切れがいいでしょ。この歯切れのよさがkickの持つ

素早さとかダイナミックさ

に結びつくんです。確かに、素早く蹴らなきゃ当たりませんもんね。

kick は要するに

蹴る。

でも、蹴りにもいろいろあるものです。前蹴り、後蹴り、回し蹴り…。すごいのになると飛び二段蹴りなんてのもあるくらい。

kick も同じで、いろいろな使い方があります。ただし、「飛び蹴り」のような「蹴り方」よりはむしろ「蹴る対象」が多岐に渡る傾向があるみたいです。その辺に注目してみてください。

10. いろんな Kick の仕方

10-1

Let's kick around this idea.
（このアイデアについて考えてみよう）

　話し合いの際の決まり文句がこれ。「アイデアを蹴り回す」???　なんのことはありません。この「アイデア」がサッカーボールだと考えればいいんです。「アイデア」をサッカーボールのように「蹴り回す」ってことは、互いにパスを交換するようにアイデアを出し合いながら

一緒に頭を悩ませる

ってこと。なかなかいい訳語が見つからないですが、

アイデアをボールのようにパスしている

光景が頭に浮かべば雰囲気は分かりますよね。こんなときには日本語にあんまりこだわらないこと。確かに日本語と英語は似ているところもたくさんありますが、違いだって当然あるわけですからね。その辺は気にし過ぎないことが肝心。

ところで、

brainstorm って言葉を聞いたことはありますか？　最近、日本でも割とよく使ってる気がします。brain は脳みそ。storm は嵐。ってことは brainstorm で

脳みその嵐???

　…そりゃすごい。手術に大失敗した直後の脳外科病棟みたいじゃありませんか。実はこれ、

活発に意見交換をする

ことなんです。「嵐のように頭脳を交流させる」なんて、なんだか大げさですけど。ほら、これってさっき kick around の説明に使った

一緒に頭を悩ませる

に似てるでしょ。実際、brainstorm を使って、
Let's brainstorm on this idea.
(このアイデアについて意見交換してみよう)
と言うことも出来ます。kick around に比べるとちょっとかためになりますけどね。

10-2

Just kicking back.（ただのんびりとしてるだけだよ）

友達から電話が入りました。
So..., what are you doing now?（…で、いま何してんの?）
という話に遅かれ早かれなりますよね。でも、ちょっと考えてみてください。よっぽど忙しい人でない限り、友達と電話で話すような

余暇

に何か特別なことなんてしてるわけありませんよね。だから、

いま何してんの?

なんて聞かれても困るわけです。そこで、そんなときには普通、囲みのように、

Just kicking back.

10. いろんな Kick の仕方

と流しちゃうわけ。これが流儀です。kick back だからって「後蹴り」なんて想像することはありません。足をポーンと蹴り出してソファーか何かに深々と腰掛けてくつろいでいる図を思い描いてみてください。これが kick back。つまり、

のんびりする

ってこと。

I've been way too busy. I need to take a day off and kick back.

(最近忙しすぎるな。一日くらい休んでのんびりしなきゃ)

なんて言ってみるのもいいかもしれません。

10-3

We've got to kick off this project. (われわれはこのプロジェクトを始めなければなりません)

これは割と簡単でしょ。kick off は「キックオフ」。サッカーなんかの試合は必ずこれで始まります。そこから kick off は

(何か新しいことを) 始める

という意味で広く使われるんですね。

始めるといえば当然 start。これはもちろんどこへ行っても通用する正しい英語。上の例も、

We've got to start this project.

と言い換えることが出来ます。もちろん、start じゃボールを

蹴って試合を「始める」瞬間までは目に浮かびませんけどね。

10-4

> Matt got kicked out of school.
> （Matt は学校を追い出された）

これなんか、「蹴り」がそのまま生きています。got kicked out だから「蹴り出された」。つまり「追い出された」。何か悪さをして「出て行け！」と追い出されることもあれば、度が過ぎて
退学させられる
こともあるでしょう。便利なことに、どっちも get kicked out で OK です。

10-5

> I hope my second wind will kick in soon.（追い風がまた吹き込んで来てくれるといいんだけどなあ）

これはちょっとマニアックな表現かも。でも、夜更しや徹夜の多い人には欠かせない表現ですから覚えてみてください。

徹夜をすると、必ず夜中過ぎにいったん眠くて仕方なくなるもの。なのに、三時だか四時を回ったあたりから、また急に目が冴えて来ます。そんな経験をしたこと、ありますよね。この、突然目が冴え頭がしゃんとしてくるときに感じるエネ

10. いろんな Kick の仕方

ルギーを

second wind

と言います。いったん死にかけてたところに

再び追い風

が吹くということなんでしょうね。

　でも、これって、自分でコントロールできるものじゃないでしょ。気がつくと突然「グンッ」って感じで元気が出ているもの。この

突然グンッ

っていうダイナミックさを表してるのが

kick in。

「蹴り込む」わけですから、単純に「入ってくる」のとはわけが違うわけです。

10-6

> We've got to wait for the generator to kick on.
> （発電機が蹴り込むまで待たないと）

　これは、

ダイナミックさの kick

の典型。「スイッチが入る」は、普通なら switch on でしょ。これでいいんです。ところが、囲みはあえて kick on としています。そうするといかにも、

突然ブブブブン！

と発電機がオンになる感じがよく出るんですね。このへんの微妙なところが分かってくると、映画や小説なんかを百倍どころか一億倍くらい楽しめるようになりますよ。

10-7
I'll kick your ass.（やっつけてやる）

知っている人も多いでしょうけど、ass は「けつ」。あんまりいい響きの言葉じゃありません。でも、kick を含む言い回しでこの kick ass ほどよく使われるものは他にないくらいなんです。ちゃんとカバーするしかありませんよね。

さてさて、基本に戻れば kick ass は「けつを蹴る」。これが囲みだと「けつを蹴っ飛ばすぞ」になって、結局、

やっつけてやる!

になるわけ。けんかからスポーツまで応用範囲も広いし、ほんと、知っておくと重宝します。ただし、ass はあくまでも卑俗語。乱用はくれぐれも避けましょう。

10-8
Mike kicks my ass.（Mikeにはかなわない）

これはすぐ前の kick ass の応用編。kicks my ass だから「ボクのけつを蹴っ飛ばす」、つまり「ボクをやっつける」。そこから、「ボクは（Mike には）かなわない」

10. いろんな Kick の仕方

となるわけ。バトミントンでも柔道でも勉強でも仕事でも、
あいつにはかなわんわ
はみんな、

He kicks my ass.

で事足ります。

10. KICK を使った会話

親子の会話

A: I can't believe you are **kicking back** like that.
(どうしてそんなにのんびりとしていられるの!?)

B: What's wrong with it?
(何か問題でも？)

A: Are you aware that you've just got **kicked out** of school?
(自分が学校から追い出されたばっかりだってわかってるの？)

B: Yes, I'm very aware of that.
(分かってますよ。はっきりとね)

A: And you are so laid back about it.
(なのにそんなにのんびり構えてるってわけ!?)

B: No, mom. My buddies and I are going to **kick off** some new project in a week. I'm just resting until then.
(違うよ、母さん。ボクと仲間とで一週間後には新しいプロジェクトを始めるんだから。それまで休んでるだけさ)

A: Get out, or I'll **kick you out**.
(出ていきなさい。さもないとたたき出すわよ)

11. KNOWって知ってる???

　know は「知っている」。…とここまでは誰でも知ってますよね。それに、get や put や take のようにとことん変幻自在な動詞たちに比べれば「知っている」という基本的な意味は変わりようがないわけで、組みしやすいとも言えるでしょう。

しかし、
だからと言ってあなどるなかれ。この know にだって実にいろんな使い方があるんですから。

　…あなたはほんとに know をちゃんと知っていますか?

11-1

> **You know what I mean?**
> (私の言ってること、分かる?)

　外国語での会話となると、相手の言っていることもこっちの言っていることも、ちゃんと通じているか半信半疑になるもの。だから、

　　言ってること分かる?
と
　　　　　　確認作業

をすることが必要になってきます。そして、これを担ってくれる頼もしい味方が囲みと言うわけ。字面通りに「あなたは私の意味するところが分かりますか?」ってことなので、問題

はないでしょう。mean の代わりに say を用いて
You know what I'm saying?
と言うこともよくあります。

11-2

> You know what? I just came up with a great idea.
> (あのさ、たったいますごいアイデアが浮かんだよ)

"You know what?" は、言葉を補えば "You know what it is?"（それが何か分かる）つまり、ちょっとした

なぞかけ

なんですね。日本語だとこういうとき、なんて言うでしょうか。そう、

あのさ（ねえ知ってる）。

それがこの

You know what?

上の例の場合なら、いい考えが浮かんだからちょっとうれしい。それでつい

You know what?（あのさ）

って言っちゃうわけ。そう考えると、なかなかかわいげのある表現ですね。

11-3

> I know what. We need to lay off many workers to save the company.
> (やるべきことは分かっています。会社を救うためには労働者を大量に解雇する必要があるってことですよ)

You know what? の次は

I know what.

これも You know what? と同じく

I know what it is.

の短縮形だと思っておけばまず大丈夫。そのまま日本語にしちゃえば、「それが何だかわかっている」。つまり、

（どういう）状況かが分かっている

ってこと。囲みは割と素直に「こちらが状況を把握している」ことを示してるでしょ。

　でも、ここで終わりません。こんな例文はどうでしょうか。

I know what. You acted so strange last night because you ran into your ex-girlfriend.
(ははあ、分かった分かった。ゆうべあんなに変だったのは、前の彼女にばったり会ったからなんだな)

これも基本は同じ。「状況を把握」してるわけ。でも、ニュアンスが違うでしょ。こっちの場合は

ははあ…

って膝をたたく感じが強く出ています。ここが一つ目の例と

の一番の違い。しっかりつかんで下さいね。

11-4

> Jack didn't do it, as far as I know.
> （Jack はやっていませんよ。ボクの知る限り）

「私の知る限り…」って、どういうときに使いますか？ そう、「断言しすぎるとまずいかなぁ」ってときに、「まぁ、所詮私の知り限りでって事ですから間違ってるかもしれませんけど」と語調を和らげるために使います。これが

as far as I know。

つまり、これは

柔軟剤

なんです。

でも、スーパーに行けばいろんな柔軟剤があるでしょ。これは英語も同じこと。例えば、

For all I know, Jack didn't do it.
（ボクの知る限り、Jack はやっていませんよ）

なんて言い方も出来ます。all が入ってるから、「知ってることを

全部

思い出してみても」って感じ。

最後に、とてもよく使うのをもう一つだけ。例えばパーティーの席で。既にたくさんの人が集まってきています。そこ

11. Know って知ってる???

で誰かが、

Is anybody else coming?（ほかにもまだ来るの？）

とあなたに聞いてきました。そこであなたは、

Not that I know of.（ううん。私の知る限りね）

と答えます。No (not). だけだと、「いや、誰も来ないよ」と言い切ることになっちゃう。でも、こうしてすぐ後に「I know of」をくっつけると、「来ないよ。

私の知る限りではね」

とやっぱり

柔らかく

なるわけです。

11-5

As you know, my elder sister just got married.
（ご存知のように、姉がつい最近結婚しました）

「ご存知のように」は、

あなたが既にそれを知ってるってことはこっちも承知してますよ

っていうサインですよね。こう言っておくとこっちが相手のことをちゃんと念頭において話している感じがするじゃないですか。つまりこれは会話の

潤滑油。

そしてこれを英語では

as you know

と言います。

11-6

> You don't know a thing about it.
> (お前はそれについて一つも知らない)

　これを
a thing
だからって、「あなたははそれについて
一つの
ものを知らない」とやっちゃだめ。日本語でも、
「**一つも**
知らない」って、
「**なんにも**
知らない」って意味で言うでしょ。あれです。
　こんなふうに言われたら、誰だっていい気持ちはしないもの。当然、
「**一つ二つは知ってるわい!**」
って言いたくなります。これはそのまま、
I know a thing or two about it.
([それについて] 一つや二つは知っているさ)
で大丈夫。うそみたいでしょ。

11. Know って知ってる ???

11-7

> He is such a know-it-all.
> (あいつは何でも知ってるような顔してる)

例えば、絶対に一緒に映画を見たくない相手ってどんな相手でしょう？ こっちが一生懸命見てるのに大きないびきをかいて寝られたり、四六時中話し掛けて来たり…っていうのも困りますが、

オレが映画ファンだ!!!

とばかりに何でも知ってるような顔をされるとやっぱりうんざりしちゃいますよね。こういう

物知り顔の人

のことを

know-it-all

と言います。「それを－みんな－知ってる」だから、そのまんま。英語のこういう柔軟性って、ほんと、おもしろいですね。

11-8

> You should know better.
> (なんでそんなことをするんだ)

better は「(何かと比べて) よりよい」ってことだから、囲みは「よりよく知っているべきだ」??? これは、こう考えち

ゃいましょう。「よりよく知っているべきだ」ということは「よく知らなかった」、「よく知らなかった」から「そんなにばかなことをやっちゃった」。そう、これはばかなことをやった相手に対して、

なんでそんな馬鹿なことをするんだ

って言うときに使うんです。ほら、使えそうでしょ。

例えば、目上の人たちの前だというのに言葉遣いもわきまえない友達がいたとします。二人になったときにあなたが彼に向かってこう言えば、

なんでそんな口の利き方しか出来ないんだよ！

と言ってることになるわけ。

便利なことに、これは目の前で起こっている過ちに限らず、過去に犯してしまった過ちについても使えます。ただし、この場合は時制を過去にずらして、

You should have known better.

(なんでそんなことをしたんだ)

とするので注意してください。

でも、ばかなことをするのは相手の専売特許じゃありません。自分だって過ちの一つや二つは犯すもの。これも

I should have known better.

(なんであんなことをしたんだろう)

と should know better の形で表せます。

…あんまりこういうことを言わずにすむようにしたいものですけどね。

11. KNOWを使った会話

嫌みなやつ

A: How much did you pay for that camera?
(このカメラ、いくらだったの？)

B: Nine hundred.
(900ドル)

A: Man, I can't believe you paid that much for that piece of junk. You should've asked me beforehand...
(ほんとかよ。こんなガラクタにそんなに払ったなんて、信じられないね。前もって俺に聞いときゃいいのに…)

B: **You know what,** Shepherd? You are such a **know-it-all**.
(なぁ、Shepard。お前ってほんとに何でも知ってるような顔してるよな)

A: No, I'm just saying you **don't know a thing** about cameras. That's all.
(お前はカメラのことを何も知らないって言ってるだけさ)

B: I do **know a thing or two**.
(一つや二つくらい、ちゃんと知ってるさ)

12. LET は放っておく

　let をよく知らない人も、

Let's go.（行こう）

を聞いたことはあるでしょ。これは

Let us go.

の短縮形。「私たち（us）が行く（go）のを放っておく（let）」というのがその意味するところ。だから、"Let's go." で「行こう!」になるわけです。なるほどなるほど。

　このように、let は

放っておく

とつかんでおくと応用が利きます。まずはそこから始めましょう。

12-1

> Just let it be.　That's the best thing to do.
> （放って置けよ。それが一番なんだから）

　例えば仕事でミスをしちゃったとします。でも、幸か不幸か上司にはばれていません。そこであなたはなんとか埋め合わせるべくこっそりとあの手この手を打ちました。でも、そういうのはうまく行かないもの。今回も例外ではありません。状況はどんどん悪くなるばかり。そんなときに見かねた同僚が言うのが、

12. Let は放っておく

Just let it be. That's the best thing to do.

基本通りには、let-it-be だから「それがあるままに放っておく」。つまり、

ほっとけ

ってこと。これは、「何をやっても状況を悪化させるだけ」「放っておくのが一番」と言うときの決まり文句です。

12-2

Just let it go. (忘れろよ)

今度は go が入ってるから「それが行くのを放っておく」???　これは「行かせる」というよりは「手放す」と考えると分かりやすくなります。

それじゃ、何を手放すんでしょうか?　この形では普通、怒りや悲しみのような

感情。

例えば、彼女に振られて落ち込んでいる友達がいるとします。そこで

Let it go.

と言えば、「『がっかりとした気持ち』を手放せ」つまり、

そんなの早く忘れちゃえよ

となります。

さて、「忘れる」と言えば forget。これを使って
Forget about it. (そんなの忘れちゃえよ)

ということも、もちろん出来ます。どっちも簡単でしょ。

ところで、

hang の章でやった be hung up を覚えていますか？ 「こだわる」とか「忘れられない」って意味でしたね。ほら、この「忘れちゃえ」の let it go は「忘れられない」の be hung up とちょうど正反対。

Why are you so hung up on her? Just let it go.
(どうしてそんなに彼女にこだわってるんだ？忘れろよ)
って一緒にしちゃうと覚えやすいかもしれません。

12-3

> Kelly has really let herself go.
> (Kelly はすてばちになった)

「放してあげる」の

I'll let you go.

が電話を切るときによく使われると go の章で紹介しましたね。これにちょっと似ているのが上の囲み。こっちは、

すてばち

という感じになります。「自分自身が行くにまかせる」ってことは、言葉を換えれば、

自分のことなんてどーでもよくなる

ってことでしょ。だから

「すてばち」

なんですね。

さらに、この let oneself go は、

堕落

をも含みます。

Kelly really let herself go downhill.
(Kelly は本当に落ちた)

としてみれば一目瞭然。downhill は「丘 (hill) を下る(down)」んだから、「下り坂」。だから go downhill は「下り坂を転がり落ちる」。それで、let herself go downhill で

「落ちていく自分を止めようとしない」

ってなるわけ。例えば彼女が仕事を辞めて朝から晩まで飲んだくれてテレビを見てるだけ…なんて雰囲気が伝わってきます。

12-4

> **Call me tonight and let me know what's going on.** (今晩電話して、状況をお知らせ下さい)

これは電話の決まり文句。日本語でも

のちほど電話でお知らせ下さい

って言うでしょ。あれです。let me know で「私が知るのを放っておく」。…ってことはつまり、

知らせる。

これ一つで、

お知らせします

から

お知らせ下さい

までみんなカバーできます。

I'll call you tonight and let you know what's going on.
(今晩電話して、状況をお知らせします)

「What's going on?」は単独であいさつとして使われることがよくあると、goの章で触れました。でもここでは文字通り

いま何が起こっているか

つまり、

（現在の）状況

という意味で使われています。

12-5

> Be sure to let the dog in after dark.
> （暗くなったら必ず犬を中に入れるように）

　これなんて、簡単だけど意外な盲点なんじゃないでしょうか。

let ~ in

だけで

中に入れる（入れてあげる）

を言い表せちゃうんですね。これも「放っておくのlet」って基本に戻れば「（犬が）中に入るのを放っておく」だから、

12. Let は放っておく

「中に入れてあげる」になるのは納得でしょ。

さてさて、「中に入れる」が let in なら、「外に出す」は当然…、そう、

let out。

簡単ですね。

Don't let the dog out after dark.
（暗くなったら犬を外に出さないように）

12-6

Don't let me down.（がっかりさせないでよ）

in、out と来て、今度は down。これは

下向き。

だから let down で「下に落とす」感じがします。そこから

がっかりさせる

になるわけ。日本語でも「落」を使って

落胆させる

なんて言うから、分かりますよね。

「がっかりさせる」は disappoint と習いますが、let down の方がずっと簡単。実際、会話ではこっちを使うことの方が多いです。

これを使った表現では、

I don't want to let you down.
（がっかりさせたくないんだ）

なんてのもあります。また、この let down をくっつけて

letdown

とすると、

「がっかりさせされるもの」

という名詞になります。ごひいきの野球チームがひどい試合をしたとか、コンサートが期待はずれに終わったとか、そういうのは全て

That's a real letdown.（全くがっかりだよ）

でOKです。

12-7

You need to let off some steam.（落ち着けよ）

in、out、down と来て、今度は off。これに

発散

という感じが含まれることは

give off

などで確認しましたね。この let off も同じこと。「放っておく」の let と組み合わさって、「発散させてやる」となります。それじゃ、上の囲みはどうして「落ち着け」になるんでしょうか?

　…steam ってのは「蒸気」でしょ。頭に来て蒸気が

シューシュー

って出てるところを思い描いてください。ほら、もう分かり

12. Let は放っておく

ましたね。
頭に来てるのは分かったから、少し蒸気を出してやって楽にしろ
ってことなんです。だから、

落ち着け。

もちろん、これを
Calm down.（落ち着け）
って言ったっていいし、そう言うことのほうが多いくらい。だけど、こんなふうに「蒸気を発散させてやる」なんて言うと、いかにもその光景が目に浮かびます。こんな表現もたまにはいいんじゃないでしょうか。

12. LET を使った会話

本当の友達

A: Kenny really **let me down**.
　　（Kenny にはほんとにがっかりだよ）

B: What did he do?
　　（どうしたの？）

A: You know, he quit his job. He's smoking pot all the time. I can't believe he has **let himself go** like that.
　　（あいつ、仕事辞めたろ。今じゃマリファナ吸ってばっかりさ。あんなふうに投げやりになるなんて、信じられないよ）

B: Man, I didn't know. I guess I'll go see him tomorrow myself. I'll call you and **let you know** how he is doing.
　　（知らなかったな。俺、明日行って見て来るよ。奴がどうしてるか、ちゃんと電話で知らせるから）

A: Thanks.
　　（ありがとう）

13. LIVEの生かし方

　live は「生きる」。かの黒澤明監督の映画の題名にもなりました。ちなみにアメリカのビデオ屋さんにもよく置いてあって、「Ikiru」なんて、邦題のままローマ字で書いてあります。

　さて、この live は「生きる」が基本になって「生活する」とか「生き延びる」とかさまざまに使われますが、それだけじゃ終わりません。そのあたりを味わってみてください。

13-1

I lived from hand to mouth when I was little.
（子供の頃、ひどい貧乏暮らしをしていた）

　いきなり重たいですね。「やっと食べて生きていく」という意味で、

糊口をしのぐ

なんて言うでしょ。これが

live from hand to mouth。

つまり、

手に持ったものを次々に口に入れてなんとかしのいでいる状態で生きている

ってこと。要するにそれだけ

貧乏。

泣けちゃいますね、なんだか。

ところで、アメリカは日本とは比べものにならない小切手社会。子供が大人になるってのは、自分の銀行口座を持って、ちゃんと小切手を書けるようになるってことなんですね、この国では。小切手は check。報酬として受け取る小切手は特に paycheck と言うこともあります。
これを使って、

I live from paycheck to paycheck.
(小切手から小切手への暮らしだ)
ということもよくあります。
　つまり、受け取った小切手がいっこうに手元に残らない状態で生活しているということ。言い換えれば

I make just enough to get by.
(やっていくのにちょうどしか稼いでいない)
「貧困」かどうかはさておき、「ゆとり」がないと感じていることが示唆されます。

13-2

> **Paul just lives off of his parents.**
> (Paul は親のすねをかじっている)

　「アメリカの若者は日本の若者より自立している」とよく言いますが、結構あやしいもの。ボクのアメリカの友達にも、親にテレビやパソコンから車までみんな買ってもらってその上学費も払ってもらっている学生なんて数え切れないほどい

ます。
　…で、そんな「自立していない」人は

すねかじり。

これが上の live off of。off の基本は「分離」だから、この場合なら

（親）からいろいろなものを「もぎ取り」ながら生きている

という感じになるわけ。自立できない若者にはなんとも耳の痛い言葉です。

13-3

I can live with that.（まあ、いいんじゃない）

　これは絶対に覚えてほしい表現の一つ。言葉通りには、「私はそれとともに生きることが出来る」。これは一体どういうことなんでしょう?
　こう考えれば簡単です。「ともに生きることが出来る」ってことはつまり「受け入れることが出来る」、「受け入れることが出来る」ってことは「まあいい（悪くはない）」。…もう分かりましたね。これは、

That's not too bad.（悪くないよ）

ってこと。買いたいものの値段から仕事の出来映えまで、なんでも OK。便利でしょ。
　さて、ここからが本番。「悪くない」ってことはつまり、

すごくいいってわけでもないけど、まあよしでしょ。これが

I can live with that.

の持ってる雰囲気なんですが、ここで終わらないのが言葉の難しくも面白いところ。会話ではこれが

すごくいい！

になることだってあるんです。これはどういうことなんでしょう？

　相手や状況次第では「いいねえ！」ってストレートに言いたくなかったり、言えなかったりするでしょ。例えばライバルの目の前とか。ほんとは「すごい」のに、にやっと笑いながら「悪くないねえ」と言ったり、それほど表情を変えずに「悪くないんじゃないの」って言ってみたり。でも、本心は

「すごいじゃないの」。

これは

I can live with that.

も全く同じってわけ。納得？

13-4

My salary is livable.（ボクの給料はまずまずです）

　上の live with を一語にした感じなのがこの livable。live に「できる」の able がくっついて「生きられる」。だから、

「生き延びられる程度にはいい」。つまり、

（生きていくのに必要な）最小限度は満たされている

ということ。日本語だと、

まずまず

当たりが手頃。給料とか家とか、普通は「生きる」のに必要なものについて言うみたいです。この点は、live with の方がより柔軟ですね。

　また、livable は、live with と異なりもっぱら

不満

を含んで使われます。つまり、livable の「まずまず」は
「必要最低限度は満たされている」
という気分。ここは要注意です。

13-5

I can't live with that.（それはだめです）

can の反対は can't。
I can't live with that.
は「生きられる」の反対だから「生きられない」。生きられないってことはそれほど

ひどい

ってこと。つまり、
It's quite bad.（かなりひどいね）
ってわけ。…なんて論理的なんでしょう。いつもこうだと助

かるんですけど。
　これまた、
I can live with that.
と同じく、買いたいものの値段から仕事の出来映えまで、何でも言い表すことが出来ます。セットで覚えてしまいましょう。

13-6

> I can't live without you.
> （あなたなしでは生きて行けません）

　live with の次はやっぱり live without。上の囲みはちょっと恥ずかしくて言えないような決まり文句です。can't live without だから、「〜なしでは生きていけない」。つまり、

　　　それほど大切だ。

　これはさすがにあんまり劇的なので、いつもいつも使うわけにもいきませんが、ちょっとおどけた感じで、

I can't live without *natto*.
（納豆なしじゃ生きてけないよ）
なんて言うことは出来るかもしれません。

13-7

> What do I mean by "jerk"? Look at Joe. He is a living example.
> (jerk ってどんな意味? Joe を見てみろよ。奴こそ jerk そのものさ)

living example だから、「生きている実例」。そう、それでいいんです。「生きている実例」ってことは

(その言葉) そのもの。

よく言うでしょ、「あいつは『けち』って言葉そのものだ」とか、「あいつは『間抜け』が服着て歩いているような奴だ」とか。あれがこの

living example

です。

これとよく似ているのが、perfect example。

He is a perfect example. (彼こそ完璧な実例だ)

のように使います。「完璧な実例」ですもんね、これが

そのもの

になるのは自然の流れ。ただし、living example の方は、living と言うだけにやっぱり「生きている人や物」について言うみたい。この点、perfect は死んでたって動かなくたって「完璧」ならいいわけで、もうちょっと応用範囲が広そうです。

せっかくだから、もう一つとてもよく使う example を。そ

れは prime example。prime ってのは
　　一番大事。
だから prime example で、
最も顕著な実例
となります

13-8

> Can't you just live and let live?
> （なんで平和にやっていけないんだよ？）

　うーん、いかにも「個人主義の国アメリカ」って感じのする表現です。let live は others（他の人）を補って、
let others live
とすれば分かりやすくなります。そう、live and let live で
自分は自分の生きたいように生きるし、他人が生きるのも放っておく
ってこと。つまり、
互いに不必要に干渉したり対立したりすることなく平和にやっていく。
例えば仲の悪いお隣さん同士とか、戦争状態にある国同士とか、
　　なんでそんなにいがみ合うわけ？
って言いたくなったらこの一言。
…こんなこと、言わなくて済むのが一番ですけどね。

13. LIVE を使った会話

親離れは何歳から？

A: You should quit **living off of** your parents.
　　（親のすねをかじるの、やめたら）

B: What are you talking about?
　　（何のことさ？）

A: You know, you are already…, how old? Twenty?
　　（分かるだろ？　お前もう…、いくつだよ？　20歳?）

B: Twenty-two.
　　（22）

A: You see? It's about time for you to become independent.
　　（そうだろ？そろそろ独立すべきだぜ）

B: But I can't **live without** my parents' support.
　　（でも親の助けなしじゃやっていけないから…）

A: Yes, you can. You just need to learn to **live with** what you make.
　　（できるさ。自分の稼ぎに見合った暮らしってのを学ばなきゃいけないだけのことだよ）

14. Lookをしっかり見る

　look と see の違いは意外にちゃんとつかめていないもの。さしあたってはこう考えましょう。
ちゃんと視線を向けて「見る」動作が look。
視界に入ってくる情報を「受け取る」のが see。
これでも面倒なら、
「見る」が look で「見える」が see。
ちょっと乱暴だけど、これなら簡単でしょ。
　それじゃ、ここでは look から。see は19章でカバーします。

14-1

Look!（だから！）

　こんなふうに look 一語で文を作ることだって出来るんです。なんとも便利な話でしょ。当然、「見ろ！」ってことなんですが、「何を」見ろと言っているのか気になりますよね。
　実はこれ、特に何を見ろと言っているわけでもないんです。単に

　　　相手の注意をひこうとしている

だけ。
　例えば、万引きと間違えられてコンビニの店長さんに捕まってしまったとしましょう。向こうはすっかりあなたが万引

14. Look をしっかり見る

きしたと信じて、「全く、万引きみたいなつまらんことするなんて…」とまくしたててきました。冗談じゃありませんよね。当然、あなたとしても割って入ってなんとか釈明したいんですが、そんなとき、普通どうしますか？

だから！

と、まずは短い言葉を投げ込むでしょ。興奮してしゃべり続ける相手には

大きな声で短い言葉。

これしかありません。これがこの

Look!

の働きってわけ。ほとんどの場合、

Look, I told you I didn't do it.

（だから、やってないって言ったでしょ！）

のように、look のすぐ後に「本当に言いたいこと」を続けます。

14-2

You just need to look ahead.
（いいかげん、前を向いたら？）

「前方」の ahead がくっついて、look ahead で「前を見る」。だから、

Look ahead.

で「前を見なさい」という命令になります。

ところで、
「前」は未来、
「後」は過去と結び付けられることがよくあります。「前向き」と言えばしっかり先のことを考えて積極的に動いている感じがするし、「後向き」と言うとその逆。実は、この感じがうまく出るのがこの look ahead なんです。

例えば、友達が一ヶ月も前に辞めた職場の上司の悪口をいまだに言っているとします。「そんな過去のことは早く忘れて、次の仕事でも探せよな」って言いたくなっちゃいますよね。こんなときに、

You just need to look ahead.

と言うわけです。日本語では「前を向けよ」よりも

「後ろばっかり向いてんじゃないよ」

の方がより自然かもしれませんけどね。

14-3

Look at you.（全く…）

Look at you.

だから、素直には「お前を見ろ」。でも、そんなことはわざわざここで勉強しなくてもいいですよね。ここではその応用の仕方に触れてみます。

二つほど例を挙げてみましょう。まず一つ目。相手が非常にかわった髪形で現れたとします。「おいおい、なんだよその

14. Look をしっかり見る

髪型は…」言いたくなりますよね。この

おいおい

が "Look at you." つまり、

「おいおい、

その髪型、見てみろよ」ってこと。

ただし、この使い方は誉め言葉になることもあるので注意してください。例えば、パーティーの席にずいぶんめかしこんできた友達に

Look at you!

と言えば、同じ「おいおい」でも、

「おいおい、かっこいいじゃん…」

ってこと。この辺の柔軟性が言葉の難しくもおもしろいところです。

二つ目の使い方はもうちょっと深刻。例えば、友達が全然やる気をなくして、ただぶらぶらしているとします。ずっと相談にのってきたあなたですが、さすがにあいそがつきました。こんなときにも、

Look at you.

が使えます。こっちだと、

「全く…、

自分のことよく見てみろよ（考えてみろよ）」という感じ。後には「仕事もない、金もない、遊ぶ金がないから外へも出ない…。ずっとこのままでいいのか?」なんて続くわけですね。

14-4

What's the word I'm looking for?
（なんて言えばいいのかなあ？）

　学校で、look for は「探す」だと習いますよね。
What are you looking for?（何をお探しですか？）
なんて、基本文として覚えたでしょ。この「探す」のlook for
を生かした会話文が上の囲み。

　そのまま日本語にすれば「ボクの探している言葉はなんだろう?」。でも、これじゃ言語学者か哲学者。もっと簡単に言い直しちゃえば、

なんて言えばいいのかなあ

です。よくあるでしょ、頭の中では言いたいことが分かってるんだけどなかなか言葉にできないことって。そんなときに使います。

　あるいは、単なる

時間稼ぎ

としても有効。「なんて言えばいいのかなあ…」なんて言われたら、相手だって無視は出来ない。その間にちょっと考えてからものを言えばいいわけ。何がなんだか分かんないときでも、こうやって「分かってはいるんだけどうまい表現が見つからなくてね…」っムードをかもし出して体裁を保つわけです。嫌ですねえ、大人って。

　最後に、look for は、「探す」の意味をよりはっきりと持つ

た search を使って search for と言い換えることが出来ます。これも

What's the word I'm searching for?

で OK。あわせて覚えちゃいましょう。

14-5

I'll look into it.（調べてみます）

look into だから、いかにも

のぞき込む

感じがしますね。なんかいやらしいな。でも、これは普通

「のぞき込むと言ってもいいくらいしっかりと見る」、

つまり、

しっかり調べる

という感じで使われます。ちょっと難しい investigate なんて言葉もありますが、これだと「捜査」でもしてるみたいでちょっと仰々しい。だから、割と固めのビジネスの席なんかを除くと look into を使うことの方が断然多いわけ。

例えば、ホテルを予約したはずがカウンターに行ってみると自分の名前が見つからなかったとしましょう。こんなときの向こうの反応は、「申し訳ありませんがしばらくお待ち下さい。調べてみますので。」でしょ？　これが

I'll look into it.

なんですね。

　ちなみに、look と see を組み合わせて look-see として、
I'll go have a look-see.（調べてみます）
なんて言うこともあります。これもやっぱり「調べてみます」。look と see がどっちも入ってるんだから、さぞかしよく見えて、調べものもはかどるんじゃないでしょうか。

14-6

Let's look over the script.
（脚本を一通り読んでみよう）

　時間や空間の「隔たり」を表す over は、要するに
A 地点から（はるばる）B 地点まで
ってのが根っこ。それが転じて
さぁっとひとなで
という感じになることがあります。これも、
A 地点からB 地点までさぁっと
だと考えれば、問題はないですよね?
　ここまでくれば look over は分かったも同然。
さっと見る
ってこと。これが文脈次第では、囲みみたいに
さっと読む
になることもあるってわけ。

　この look over によく似ているのが、go over。ほらね、ち

14. Look をしっかり見る

ゃんと over が入ってる。囲みも、

Let's go over the script.（脚本を一通り流してみよう）

と言い換えることが出来ます。ただし、こっちは「進行」の go だから、「さっと」何を進行させてもいいんです。この点、look は「見る」だから、「見る」に関連するもの以外はだめ。例えば、脚本は「見る」ことが出来るので、look over でも go over でも OK。でも、その脚本を使った場面のリハーサルは

Let's go over the scene.（この場面を流してみよう）

のみ可。ここはしっかりつかんでおいてくださいね。

14-7

Charlie tends to look down on other people.
（Charlie は他人をよく見下す）

　これはそのまま。look down だから「見下ろす」「見下す」。これは問題ないでしょ。「見下す」ということは、自分の方が上であるかのように振舞うということ。つまり、

エラソー

ってことです。
　「見下す」の反対は、「見上げる」。日本語でも

見上げた根性だ

なんて言うでしょ。この「見上げた」は「尊敬に値する」ってこと。英語も全く同じで、down の反対の up を使って look up と言えばOK。

He is not a person I'd look up to.

（彼は尊敬できるような人じゃない）

のように使います。

14. LOOK を使った会話

大人になれってか？

A: Are you still mad at your boss?
　　（まだ上司に頭にきてるのか？）

B: You bet I am. He told me to get the best price on the high-end laptop, so I **looked into** it. Then, he told me to forget it when I brought in the result.
　　（もちろんさ。高級ノート型パソコンの一番いい値を調べろって言うからそうしたのに、結果を持って行ったら「もういい」だってさ）

A: Why don't you let it go? You should **look ahead**.
　　（忘れちゃえよ。前を向かなきゃ）

B: I can't.
　　（できないね）

A: Why not? **Look at you**. You look like a girl mad for no reason.
　　（どうしてさ。全く、わけもなく頭に来てる女の子みたいじゃないか）

15. PASS が通る

　passは「通る」が基本。だから、サッカーなんかで

パスが通る

ってのは実に正しい表現なんですね。

　さてさて、日本語の「通る」も「試験に通る」とか「名が通る」とか、さまざまに使われます。これはpassも同じで、「試験に通った」は

I passed the test.

とやっぱりpass。「難関をくぐり抜けて…」って感覚は国を超えて同じなんでしょう。

　…それじゃ、passがどんな通り方をするか、見てみてください。

15-1

> He could pass for a psycho-killer.
> （あいつは殺人狂でも通る）

　「ボクはこの辺じゃワイン通で通っててね…」などと「通る」を「通用する」という意味で使うことがあります。それがこの

pass for。

ほらね、やっぱり「通る」と同じでしょ。

　ちょっとだけ説明しておくと、このforは

15. Pass が通る

I'm afraid you are mistaking me for someone else.
(私を他の誰かとお間違えになってるんじゃないかと思いますが…)
の for。日本語にしづらいですが、

ほんとはそうじゃないんだけどの for

ってことです、あえて言えば。pass for の場合、「ほんとは（殺人狂）じゃないんだけど、殺人狂で通っちゃう」だし、mistake for も、「ほんとは（その人）じゃないんだけど、その人だと間違えてる」。ほらね、すっきりした?

15-2

Did you just pass gas?（いま、おならした？）

「いま、ガスを通した?」ってことは「いま、ガスを抜いた?」って感じ。これはちょっと機転を利かせれば分かるはず。人の体から出てくるガスと言えば、げっぷかおならくらいなものでしょ。この場合は、おならってわけ。

　ちなみにおならは fart。日本語でも、こういう言葉は出来るだけ大声で言わないもの。fart と言わずに pass gas と言うのも全く同じ。真っ直ぐを避けて

カーブ

を投げるようなものです。誰だってするんだから、そんなに気にしなくてもいいんじゃないかとも思いますけど。

15-3

Her father just passed away.
（彼女の父がつい最近亡くなった）

　これも pass gas と同じく

カーブ

です。誰かが亡くなったときに

　　死んだ

と言ってしまっては直接的過ぎて繊細さを欠いたように聞こえるもの。だからこんなときは、「亡くなった」とか「お亡くなりになった」とか、もうすこし奥ゆかしい表現を使うのが一般的。

　英語でも、

Her father just died.（彼女のお父さんは最近死んだ）

じゃ、日本語の「死んだ」に似た粗野な感じが出ないとも限りません。そこでこの

pass away

の出番。「遠く」の away から、あの世へと「遠く」旅立っていく感じはつかめますよね。

　どの国に行っても、友達が増えれば吉報と同時に訃報も増えるもの。しっかり覚えておきたい表現です。

15-4

I passed out last night from too much drinking.
(ゆうべ、飲み過ぎてぶっ倒れた)

　すぐ前の pass away とごっちゃにしちゃいそうなのが、この pass out。こっちは
　　　　OUT!
だから、
もうだめ
って気を失う感じになります。「気を失う」なんて言うとなんだかずいぶん深刻な響きがしますけど、仕事で疲れて家に帰るなり
　　　　バタンキュー
とか、飲みすぎてそのまま
　　　　バタン
とか、
起こしても起きない
状態に陥れば、pass out で大丈夫。
　　　　ぶっ倒れる
なんてのが響きとしては一番近いかもしれません。友達同士でぐでんぐでんになるまで飲んだりすると、一人や二人は pass out するもの。しっかり覚えておきましょう。

I completely passed out as soon as I got home.
(家に帰るなりバタンキューだった)

15-5

I was passed over at work.
(職場での昇進で、下の者に先を越された)

　これを理解するには日本的「年功序列」を思い描くのが一番。「あの人とあの人が昇進したから、

次は自分の番」

ってのがあるでしょ、この仕組みには。ところが、ときにはそれが見送りになって、自分より下のものが抜擢され、昇進してしまうことがあります。

先を越された

という感じですね。この人にしてみれば、

　置いてきぼりを食った

わけ。これが囲みの

be passed over。

over は何かを「越えて」いく感じがするから、これが「通過」の pass とくっついて

先を越される

になるのは分かりますよね。

Do you understand how it feels to be passed over?
(先を越されるのがどんな気持ちか、お前に分かるか？)

　…こんなふうに言われると、何にも言えなくなってしまいそう。がんばれ、お父さん。

15-6

Did he make a pass at you?
（彼、言い寄ってきたの？）

pass は名詞としてもよく使います。「合格/不合格」は **pass/fail** だし、サッカーなんかの「パス」も、もちろん pass でOK。でもここで終わらないで、応用編と行きましょう。それが上の例。「彼はあなたにパスを出してきたか」??? これが何のことだか分からないようじゃ、それこそ向こうがパスを出してきてもちゃんと受け止められそうにありません。そう、これは

向こうがこっちに興味があるというサインを送ってきた

ということ。実際に「パス」を出すわけですから、

具体的な行動

ってのが想像されます。日本語だと、

言い寄る

当たりが手頃。言い「寄る」ってところから、土俵際に追い詰める感じがするじゃないですか。

もう一つ、同じ感じでとてもよく使うのが **hit on**。

例文も

Did he hit on you?（彼、言い寄ってきたの？）

と言い換えることが出来ます。「たたく」の hit だから、かなり攻撃的というか積極的。そこから

積極的にトライしてくる

感じが出てきます。…で、結局、

make a pass at

と同じく

言い寄る

になるんですね。

　ただし、これらは主に友達相手に使うくだけた会話言葉。日本語だって「言い寄ってきたの?」なんてそれほど近くない人に軽々しく言わないでしょ。その辺はちゃんと注意しておいてくださいね。

15. PASS を使った会話

商売上手

A: I got **passed over** again.
(また昇進しそこなったよ)

B: I'm sorry.
(残念だったね)

A: So I went to a bar to drown my souls.
(それで、うさを晴らしに飲みに行った)

B: I don't blame you.
(気持ちは分かるよ)

A: And the bartender said, "You are very good looking. You can **pass for** the Robert De Niro of this town."
(そしたら、バーテンダーが「お客さん、男前ですね。この町のロバート・デ・ニーロで通るんじゃないですか」だって)

B: I bet that made you feel better.
(おかげで気分よくなったんじゃない？)

A: It sure did. I felt so good that I drunk until I **passed out** on the counter.
(ああ。あんまり気分がいいんで、カウンターでつぶれるまで飲んだよ)

16. ここまで引っ張る PULL

「引っ張る」が pull の根っこ。
牽**引**する
が tow になったり、
引用する
が quote になったりしても、「引っ張る」関係はやっぱり pull が根っこです。すごいでしょ。「引っ張り界の元締め」なんだから、pull は。
　…それじゃ、この元締めがどんなにえらいか、ちょっと確かめてみましょう。

16-1

> Don't worry. We can pull it off.
> （大丈夫だよ。やってのけられるさ）

　男が二人、車の中で話をしています。場所は銀行のすぐ裏。これから強盗に入るところ。ところが、二人のうち一人がこの期に及んで弱気を出してしまいました。そこでもう一方が囲みのように言うわけです。
　pull off…。「分離」の off が入ってるってことは、何かを引っ張ってそこから動かす感じ。これさえ分かればもう大丈夫。あとは重い岩か何かにロープをくくりつけて、一生懸命引っ張っているところを思い描くだけ。

16. ここまで引っ張る Pull

よいしょよいしょ

とひっぱるわけですよ。そしてついに

岩が動いた!!!

これが、

pull off。

そこから、単純に「(何でもいいから) 何かが出来る」んじゃなくて、この重い岩を引っ張るように

何か難しいことをやってのける

ってニュアンスが出てくるわけ。だから、別に銀行強盗でなくたってかまいませんが、仕事でも勉強でも自分が難しいと感じていたり、一般に難しいとされていることについて言わなきゃなりません。ここはしっかり押さえて下さいね。

16-2

What are you trying to pull?(何が狙いだよ)

この pull はさっきの pull off によく似ています。実際、pull off の「やってのける」を使って、「何をやってのけようとしてるんだ」としてみれば、感じは十分つかめるはず。これは、

相手の下心を探る

表現です。

例えば、しばらく会っていなかった友達が突然電話をかけ

てきたとしましょう。そして、会いたいと言ってきました。会ってみると、妙になれなれしい。当然、「なんなんだ、これは?」って思うでしょ。

この不自然な行動の陰にあるのは一体なんなんだ？

つまり、

下心

があるに違いないってわけ。

これが、

What are you trying to pull?

　また、この「下心の pull」は「trick（トリック）」と相性がよく、

He pulled a trick on me.（彼は私を引っ掛けた）

などと使います。対応する日本語としては、「あざむく」という意味の

引っ掛ける

くらいが手頃。下心あってのトリックだから、納得ですね。

16-3

Pull yourself together.（しっかりして）

これなんて、知らないと目をぱちくりするしかないかもしれません。「あなたを引っ張って一緒にする」???　一体どういうことなんでしょう？

日本語で精神的にまいっていることを

　　ぼろぼろ

と言いますね。「ぼろぼろ」はそれほどもろく砕け散った精神状態。おっと、これは fall の章でやった

fall apart

です。覚えていますか？

　…で、そういう状態から回復するってことは、言うなれば、「ぼろぼろになったものを拾い集めてまた一つにする」ってことでしょ。これが pull yourself together の together に込められてるわけ。だから

「自分を取り戻す」

とか

「立ち直る」

のような感じになるわけです。でも「自分を取り戻せ」じゃ、なんだか大げさ過ぎて、言うほうも聞くほうも恥ずかしくなっちゃう。

しっかりする

くらいが妥当でしょう。

16-4

Will you pull over?（車を寄せてくれない？）

　これは車社会アメリカの必須表現。pull over で
車を寄せる
という感じになります。
「走っている車をある地点に『引っ張って』いって止める」
んだから、ほとんど飛躍はありませんね。
　さてさて、日本語でもよく「その辺に止めてくれない？」なんて言いますね。これは「そこ」の over there を使って、

Will you pull over over there?

とするのが「正しい」のでしょうが、over が二回も続くと言いづらいので

Will you pull over there?

と一つの over で済ませてしまう傾向があるみたいです。

16-5

Is she going to pull through?
（彼女、持ちこたえられるかなぁ？）

through は「通過」。この pull through もこれで大丈夫。そして、pull は既にカバーした「やってのける」の pull。そう、これは日本語の

16. ここまで引っ張る Pull

持ちこたえる

によく似た表現。特にこれは、重病の人について使います。お見舞いに行った後など、心配しつつ

Is she going to pull through?

というわけです。

16-6

I pulled my muscle. （スジがつった）

これはスポーツ好きの人におすすめ。一生懸命走ったりすると、足がつったりするでしょ。この

つった

を英語では pull で表します。確かに「つった」は筋肉が

ピーン

と張った状態ですからね、「引っ張る」の pull とも縁が深いわけです。

ありがたいことに、この意味での pull の効用はこれにとどまりません。これが「元締めの pull」のすごいところ。じゃあどんなふうに使うかって、スポーツをしていて漠然と

何か調子がおかしい

って言いたければとりあえず pull を使っちゃえばいいんです。pull はもともとは「つった」みたいな
over-extension（筋肉なんかを『引っ張りすぎた』ってこと）

を指す言葉なんですが、それに限らずさまざまに使います。例えば、

I pulled my back.（背中をやっちゃった）
I pulled something in my knee.
（膝をどこかやっちゃった）

　…なるほど。これは日本語の、
やっちゃった
なんですね。ほら、使えそうでしょ。

16-7

I'm just pulling your leg.（からかってるだけだよ）

　これはきっと、誤解する人が多いんじゃないでしょうか。pull leg ってことは「足を引っ張る」。「なあんだ、日本語にも全く同じ言い回しがあるじゃない」と早とちりしちゃいそう。それでうまく行く場合も結構あるんですが、今回はダメ。日本語で「足を引っ張る」といえば、「相手の成功をはばもうとする」って感じでしょ。でも、pull leg にはこの意味はないんです。

　それじゃ、一体どんなふうに使うんでしょう???　これが意外なほど簡単、単純。「足を
クイクイッ
って引っ張って
からかう」。

16. ここまで引っ張る Pull

言い換えると、

I'm just teasing you.（からかってるだけだよ）

ってこと。「きっと誤解する人が多いんじゃないか」なんて、脅かし過ぎました？　そりゃだって、pull leg の勉強ですもん。ちょっとからかってみたんです。

　ところで、日本語でも、

からかってるのか？

ってよく言いますね。これも pull leg を使って、

Are you pulling my leg?

で OK です。

16-8

She is not pulling her weight.
（彼女は自分の持分をちゃんとやっていない）

　weight は「重さ」…だけじゃないんですね。上のように「重り」って意味にもなるんです。それじゃ、「彼女は自分の重りを引っ張っていない」って一体どういうことでしょうか？

　これを理解するには「綱引き」が一番。綱引きって、みんなで力を合わせて引っ張らないと絶対に勝てないでしょ。一人でも手を抜くと、その分他の誰かががんばらなきゃならなくなっちゃう。これこそ

pull weight。

「自分の重りを引っ張っていない」ってことは、つまり

自分の持分をちゃんとやっていない
とか
自分の役割をちゃんと果たしていない

ってこと。一言で言えば
無責任。

　でも、これを
She is irresponsible.（彼女は無責任だ）
と言っちゃうと、「彼女は無責任な人だ」と彼女の「人柄」について言っていることになっちゃって「彼女は今ここで責任を果たしていない」って部分がはっきりしなくなっちゃう。ほら、この辺が分かってくると、英語がつかめる日も間近です。

16. PULLを使った会話

車中で

A: Shit, you should've made a right.
　　（ああもう、右に曲がるべきだったのに）

B: Sorry, I didn't know.
　　（ごめん、知らなくてさ）

A: I'm just **pulling your leg**.
　　（冗談だよ）

B: Jerk...
　　（ふざけやがって…）

A: Hey.
　　（おい）

B: What?
　　（何だよ？）

A: Hey!
　　（おい！）

B: What?
　　（何だよ？）

A: Why don't you **pull over** here a minute?
　　（ちょっと、ここに車寄せろよ）

B: What are you trying to **pull**?
　　（なに企んでんだ？）

A: Nothing.
　　（別に）

17. Put も矢印

　やれやれ、put がやって来ちゃいました。すっごく柔軟で、便利で、だからややこしい単語です。そう、既にやった get みたいなもの。
　「get は矢印」って言いましたよね。とりあえずここでは、この

　　　　　put も矢印

だと思ってください。でも、それだけじゃこんがらがっちゃうかもしれません。「get とどこが違うの?」って話になっちゃいますもんね。そこでひとまずこう考えちゃいましょう。get は、

I want to go get a cup of coffee.
(コーヒーを買いに行きたい)

のように、矢印が基本的に

　こっち向き。

go get は厳密には go and get、つまり「行って手に入れる」ということ。ひっくり返せば「手に入れに行く」。文脈にもよりますが、この場合のように「買いに行く」の類義語としては使われることが多いようです。…で、コーヒーを手に入れる (get) ってのは「こっちに」手に入れる。これに対して、put の矢印は

　あっち向き。

　同じ矢印でも向きが違ったってわけです。その辺を以下の

例で確かめてみてください。

17-1

> Will you put away all the books?
> (本を全部片付けてくれない?)

まずは素直な基本編から。put away だから矢印はあっち向きで遠ざかっていくわけ。つまり、

あっちへやる

感じ。そこから、

片付ける

という意味が出てきます。確かに、片付けって、そこにあるものを見えないところに押しやるって部分がありますもんね。

17-2

> I don't mean to put you down, but I think Marc knows about computers even better than you do.
> (お前を軽く見るつもりはないけどさ、Marc はコンピューターのことをお前以上によく知ってるって思うよ)

put down だから矢印は下向き。「下に置く」感じ。これが囲みのように人について使われると、「その人の評価や価値を**下げる**」。

そして、これは普通、上の例のように、
I don't mean to put you down.
の形で使います。
「お前を軽く見るつもりはないけどさ…」
と来れば、当然その後には「でも、あいつはおまえよりすごい」、とか「でも、あいつには誰もかなわない」とか、考えようによったら結局あなたのことを軽く見てるような響きのある言葉が続くもの。つまり、
I don't mean to put you down.
は、
「これから、あんたのことを軽く見るように聞こえることを言うけど、変なふうに受け取らないでよ」
って
防波堤
を張ってるんですね。
　日本語でも、
誤解を恐れずに言えば…
なんて言うでしょ？　これだって、「下手をすると誤解されるようなことを今から言いますけど、その辺のことは分かってください」って防波堤を張ってるわけで、
I don't mean to put you down.
と理屈は同じことです。

17. Put も矢印

17-3

Would you put that cigarette out?
（煙草を消していただけますか？）

　pass out が「意識を失う」になることは、pass の章で触れましたね。この put out の out も全く同じ。その心は

「消える」。

「意識を失う」ってことは、「意識が消えちゃう」こと。同じ理屈で、put that cigarette out は「その煙草を

消す」。

put out で「矢印を向けて消える方向に導く」わけです。なるほど。

17-4

Let's put the meeting off till next week.
（会合は来週まで延ばそう）

　off は「分離」。だから、put off は「あっちへと矢印を向けて、離す」。これは時間がらみの表現で、「現在」から「離す」ってことはつまり、

先へ延ばす

ってこと。
延期 する
って意味です。でも、「延期する」だとちょっとかたいでしょ。

163

日常会話なら「延ばす」で十分。英語にも postpone っていう「延期する」にあたる単語がちゃんとあるんですが、put off で間に合うものは間に合わせちゃうわけです。

17-5

> John put me through a lot of trouble.
> （John のせいでたくさんのごたごたを強いられた）

今度は「通過」の through。put me through だから、「私を通過させた」つまり、

経験させた

わけ。ただし、これは普通、

よくない経験

に限られます。だから「経験させられた」というよりは

強いられた。

この辺のニュアンスを見逃さないようにしてくださいね。日本語だって、「こんなにもすばらしいときを強いてくれてありがとうございます」とは言わないでしょ。

How much trouble do you want to put me through?
（どれだけごたごたに巻きこめば気が済むんだ？）

17-6

Let's put it this way.
（それじゃ、こう考えてみようか）

put it this way だから、「こっちの方向に矢印を向ける」。まさにその通りの意味で使うんですが、これじゃちょっと分かりにくいので、例を使って見てみましょう。

あなたが「日本人が英語を話しているときにあがってしまうのは自然なことだ」という話をアメリカ人の友人にしているとします。ところが、彼は外国に行ったことがなく、あなたの言いたいことがよくわからない様子。こんなときには**角度を変えながら、**もうちょっと**具体的**な話をすると道が開けたりするものですよね。

この例の場合なら、「フランス語の授業のとき、お前、あがらなかったか？」とか、「飲み屋に行ったら周りがみんなメキシコ人で彼らの言ってることがなんにも分からなかったら、どんな気がする？」なんて具合。こうすれば、彼も「そりゃまあ、ボクだってあがっちゃうわぁ…」と納得してくれるはず。

この具体化をうまく導いてくれるのが、囲みの

Let's put it this way.
「（今までの話じゃきちんと通じないみたいだから）
それじゃ、こう考えてみようか。」
と、前置きしてから、実例をあげるなりして

もうちょっと具体的に、ちょっと角度を変えたりしながら

話を進めるわけです。

　パラフレーズって言葉、聞いたことありませんか？　ありますよね。これは英語の paraphrase から来ています。要するに、

言い換える

ってこと。
Let's paraphrase it.（言い直してみましょうか）
などと使います。

　…ほら、これって

Let's put it this way.

に似てるでしょ。あわせて覚えてみてください。

17-7

> You really need to put your teeth into it.
> （しっかりやらないとだめだよ）

　teeth は「歯」。だから、put your teeth into it は「それに歯を入れる」ってこと。「歯を入れる」んだから、「しっかりかみしめる」感じ　そう、そんなふうに、

しっかりやる

ことを表すのが

put your teeth into

17. Put も矢印

です。仕事でも勉強でも、何かやるべきことがそこにあるとしましょう。でも、あなたはそれほど真剣に取り組んでいません。そこで、囲みのように怒られちゃうわけです。これを普通に言い換えれば「努力」の effort を使って、

You really need to make some serious effort on it.
(それについて、本当にまじめに努力する必要がある)

ってことなんですが、これだと「歯を食い込ませる」

生々しさ

が出ません。

　また、似たところでは、「背中」の back を使って、

You really need to put your back into it.
(しっかりやらないと、だめだよ)

なんて言うこともあります。でも、背中は歯みたいに食い込ませるわけにはいきません。これはどう考えたらいいでしょう？

　…こっちは「背中＝とても強い場所」って発想が出発点。重いものは背中に背負うでしょ。だから、put your back into で

自分の一番強い場所をつぎ込む

ってことになって、けっきょく、

しっかりやる

になるというわけ。

17-8

I can't put my finger on how he did it, but I think it was him.（どうやったかはよく分からないけど、彼のしわざじゃないかと思う）

　put finger on だから、何かの上に
ポン
と指を置く感じ。つまり、
これだ!!!
って何かを指差す感じなんです。…で、これが囲みのように can't とくっつくと、「これだ!」っては言えないわけだから、
はっきりとは分からない
になるわけ。つまり、
I'm not sure.（はっきりとは分からない）
ってこと。これは通常、
「はっきりとは分からない
けど…」
と後に「けど…」が続くのが普通。
　囲みは、町に出没する怪人二十面相の話だと考えてください。また一つ、国宝級の絵画が盗まれました。みんなは口々に言います。「どうやったか分からないけど、きっとまた奴の仕業だよな…」。これが例文。
また、これは can't を削って
You really put your finger on it.

17. Put も矢印

(ほんと、図星だわ)

と言うこともよくあります。ポンと指を置いて「これだ!」って言ってるわけだから、

図星。

例えば、会社を辞めるべきか辞めざるべきか悩んでいることを友達にずばり言い当てられたとしましょう。そこで、

You really put your finger on it.

と言えば、「図星だよ…」となるわけ。平たく言えば、

You are exactly right. (全くその通りです)

ってこと。これには、

You really hit the nail on the head.

(まさに図星だ)

というよく似た表現があるので、あわせて覚えてしまってください。釘と指の違いがあっても、

これだ!!!

って目標をはっきりと捕らえているところは全く同じです。

17. PUT を使った会話

どこにでもある問題

A: I don't mean to **put you down**, but look at your younger brother. He's got a master's degree in computer science, and he's got a good job...
(あんたを下げるつもりはないけどね、弟を見てごらんよ。コンピューターサイエンスの修士号を取って、いい仕事にも就いて…)

B: Mom, will you **put that cigarette out**?
(母さん、たばこ、消してくれない？)

A: Have you graduated yet?
(もう卒業したの？)

B: No.
(してないよ)

A: How much longer do you want to **put it off**?
(あとどれだけ延ばすつもり？)

B: Not too long, mom. I'm just taking time.
(そんに長くないって。じっくり時間をかけてるだけなんだから)

18. 駆け足のRun

　「ランニング」と「駆け足」って、どっちの方がよく使われるんでしょう？　きっと、結構いい勝負ですよね。個人的には、ランニングの方に分があるんじゃないかとすら思います。
　さて、それほど日本社会で市民権を得ているのが run。飲み屋の常連さんみたいな顔なじみなんですから、ちゃんと使いこなしてあげましょう。
　run の基本は

　　　スピード感。

「走る」んだから当然ですよね。そのあたりに注意しながら読み進めてみてください。

18-1

> I ran into David at a grocery store last night.
> （ゆうべ、スーパーで David に出くわした）

　まずはウォームアップってことで割と素直なものから。この run into はどこかに「走って突っ込んでいく」感じ。だから、「走って、突っ込んでって、そこで何かに
出くわす」
になるわけ。
　そう、もう気づきましたね。これは come の章でちょっとだけ触れた bump into とほとんど同じなんです。

I bump into David at a grocery store last night.

と言い換えても、ほとんど意味は変わりません。あえて違いを探せば bump の方が

　　バンプッ!!!

って音の分だけ

　　　　ばったり

出会った感じがより強く出ることくらい。

　さてさて、「出くわす」のは人ばっかりじゃありません。困難や災難にだって出くわすでしょ。誰も出くわしたくはないんですけどね。これも run into でOK。例えば、

You will run into a big trouble one day unless you change your attitude.
（いつかひどい目に遭うことになるぞ、態度を改めないと）
のように使います。

18-2

> **We are running out of gas.**
> （ガソリンが尽きかけている）

　本題に入る前に、gas を「ガス」じゃなくて「ガソリン」としたので「あれれっ」って思った人もいるかもしれません。もちろん gas が「ガス」になることもありますが、「ガソリン」

のことも会話では縮めて gas と言います。日本人だってコンビニエンスストアのことを「コンビニ」って言うでしょ。「日本人は省略好き」と言いますが、アメリカ人だって負けちゃいません。

　それじゃ、run の話に移りましょう。これは、いったん run を取っ払っちゃうと分かりやすくなります。

We are out of gas.（ガソリンがない）

　この be out of ってのは

ない

の決まり文句。一緒に押さえてしまいましょう。

　よしよし、これで準備はととのった。あとは running を入れてやるだけ。running は「走っている状態」。…ってことは、

足早に進行している状態

なんですね。

　もう分かったでしょ。

We are out of gas.（ガソリンがない）

と

running（足早に進行している状態）

を足して

We are running out of gas.

とすると

「ガソリンがなくなっちゃいそうだ」

って感じになるわけです。

ところで、「なくなっちゃう」前には「少なく」なるもの。これも run を使って表せます。しかも、考え方は be running out of と全く同じ。

はい、それじゃまず running 抜きで「ガソリンが少ない」って文を作ってみましょう。

We are low on gas.

ですね。あとはこれに running を加えるだけ。

We are running low on gas.
(ガソリンが少なくなってきた)

うそみたいに簡単でしょ。

18-3

> My daughter is 16. She is running completely wild. (私の娘は十六歳。全く手がつけられない)

この running も running out や running low と同じように考えちゃえば大丈夫。まずは running を抜くことから始めましょう。

She is completely wild.

この wild は「野性的」には違いないんだけど、ちょっと意味がずれるんです。どうずれるかと言うと、「野性的」から、

「人間社会にあるような各種の歯止めがきかない」

という感じにずれてきます。

18. 駆け足の Run

　分かりにくくなっちゃうので、例を挙げますね。例えば「wild なパーティー」ってどんなパーティーでしょう？　「歯止めがきかない」ってことは、「みんなで飲んで、騒いで、羽目をはずして、おおいに盛り上がって、…」でしょ。そう、この

「歯止めのきかなさ」

が wild。すっきりした?

さて

She is completely wild.

ってのはどんな状態を言うんでしょう？　これはさっきのパーティーの図を頭に描けばいいんですね。やりたい放題やって、全く抑えがきかなくて…。そう、この wild は

手がつけられない。

　…で、これに running が加わると、その「手のつけられない状態」が、いままさに

進行中

だってことが伝わってくるわけ。ほらね、長くなっちゃたけど、run の根っこは全く同じだったでしょ。

18-4

We've just run through the beer.
(ボクたちはビールを飲み干してしまった)

　この run through もこれまでの running と同じく

スピード感

がカギ。今度は「通過」の through とくっついてるから、

足早に通過する

感じ。「ビールを足早に通過した」ってことは、「そこにあったビールをあるだけ全部

がぶがぶ

と一気に飲み干した」ということ。大事なのはこの意味での run through には「無駄にした」かのような印象が付きまとうこと。そんなに足早に通過しちゃ、

もったいない

って気持ちは分かりますよね。

18-5

Let's run through this scene.
(この場面を流してみよう)

　同じ run through でもこっちはちょっとニュアンスが違います。でも、根っこは全く同じ。心配しないで。

足早に通過する

18. 駆け足の Run

が run through の基本だったでしょ。上の囲みはそのまんまで大丈夫。

　演劇か映画のリハーサルの風景を思い浮かべてください。「足早に通過する」ってことは「さっと一通りやってみる」。つまりこれは、

流す

ってことなんですね。

　こっちの方が、「無駄にした」みたいな前の例に含まれた微妙な部分を考えなくていいからかえって楽なくらい。気楽に流しちゃってください。

18-6

Harry is on the run.（Harryは逃亡中である）

　最後に、名詞の run を二、三拾っておきましょう。まずは **on the run**。

これは

逃亡中

を表す決まり文句。指名手配中の犯人から脱獄囚まで、「逃げて」さえいればみんな
on the run。
いまどきは飛行機だのヘリコプタだのを使って逃亡するご時世かも

177

れませんが、逃げの基本はやっぱり

走り。

だから、run なんですね。なるほどなるほど。

18-7

> I hate to be an also-ran.
> (「その他大勢」にはなりたくない)

　マラソンの中継をテレビで見ると上位選手以外はほとんど画面に出てきませんよね。勝負の世界は厳しいと言っても、なかなか冷たいものがあります。
　さて、そんな注目されないランナーのことを

also-ran

と言います。also は「〜も」。だから、also-ran で「この人も

一応

走りました」って雰囲気。「無名の誰か」ってことです。これに当たるぴったりの日本語があるでしょ。そう、

その他大勢（の一人）。

なんだかさびしいですね…。

18. RUN を使った会話

あり得ない話

A: Look, we **are running low** on gas.
　　(なあ、ガソリンが少なくなってきてるぜ)

B: Actually, we **are running out** of gas.
　　(実のところ、ガソリンは尽きかけてるんだけどね)

A: Why are you so laid back about it then? We are **on the run**.
　　(だったらどうしてそんなにのんびり構えてるんだよ。俺たちゃ逃亡中の身なんだぜ)

B: What's the point? Why don't we pull over here and take a nap?
　　(じたばたしてどうなる？　ここに車寄せて昼寝でもしようや)

A: A cop may pass by.
　　(サツが通りかかるかもしれないじゃないか)

B: We'll end up **running into** one, anyway.
　　(サツの一人や二人、どうせいつかはぶつかるさ)

19. SEEはこれでよく見える

　lookの章で触れたように、seeの根っこは「視界に入ってくる情報を『受け取る』」。だから基本的に、

見える

という語感があります。「それじゃ、なんで映画を『見に』行く」は

go see a movie

なの？」

って思うかもしれません。これは映画館の大画面を想像すると分かるはず。画面が大きすぎて、どこか一点を「見る」ってわけに行かないでしょ。むしろ、

「目に入ってくる映像を受け取る」

ことになります。これがseeなんですね。

点の look、面の see

なんて言ってみてもいいかもしれません。lookは「一点を見る」、seeは「目に入ってくるものを面としてとらえる」ってことで。とりあえずはここからはじめてみましょう。

19-1

You see?（分かった？）

You see? だから「見えるか」。これは普通、

分かる？

って意味で使われます。日本語でも「やっと話が
見えてきた」
なんて言うでしょ、「分かってきた」って意味で。それと同じことです。

19-2

I see.（なるほどね）

　上の You see. の you を I と置きかえただけ。さっきと同じくここでも see は「分かる」という感じのまま。なんだかずいぶん簡単ですね。でも、こんなときこそニュアンスに十分注意する必要があるから気をつけて。I see. は、同じ「分かった」でも、

なるほどね…

という感じで使われることが多いんです。これはなかなか伸縮自在で、例えば今まで分からなかったナゾがようやく解けてきて
「そうかそうか、ようやく分かった」
という意味で「なるほどね…」になることもあれば、隠れてこっそり付き合ってた二人のことを知って
「ははん、そうだったのかぁ」
という意味で「なるほどね…」になることもあります。ほらね、見掛けほどあなどれないでしょ？

19-3

I don't know. But we'll see.
（よく分かりませんが、いずれ分かるでしょう）

　you、I と来て、今度は we。なんだか忙しいですね。でも、これも「分かるの see」で大丈夫。

We'll see.

だから、「私たちは分かるだろう」と素直に考えればいいんですが、大切なのは、

「いずれ

分かる」という点。投げやりというか楽観的というか、「自分で分かろうと努力した結果分かる」という感じがしないんです。言葉を換えれば、「いずれ

自然に

結果は出る」

という雰囲気。この辺にも「積極的に見る」んじゃなくて「見える」って、see の持ち味がちゃんと出てるでしょ。

　例えば、「下手をするとリストラで全員首を切られるんじゃないか」と同僚に聞いてみたとしましょう。ところが彼は囲みのように答えます。この

We'll see.

から

「どうしようもない

けど、

いずれ

分かるさ」っていう諦めや無関心が漂ってくるのを見過ごさないようにしてください。

19-4

Let's see.（さてと…）

結論から先に言っちゃうと、これは何かに

取り掛かる

ときの決まり文句。大小はさておき何らかの問題に取り組むときに使います。

例えば、車が突然止まってしまいました。やれやれ、困ったな…。でも、修理しなきゃ。仕方ないので、あなたは車を降りて、ボンネットを開けます。エンジンが冷えるのを待って点検開始。こんなときにあなたの口からもれるのが、

Let's see.

ってわけ。

「さてと…

それじゃ、ぽちぽち見てみるか」

ってこと。…おっと、「see は『見る』じゃなくて『見える』じゃなかったの?」って質問が飛んできそうですね。その通りです。それじゃ、なんで look じゃなくて see なのか考えてみましょう。

実は、これも
点の look 面の see
で分かっちゃうんですね。どうして？　それはこの状況を思い描けば一目瞭然。何か問題が起こって

　さてと…

ってときは、なにもかもがはっきりしてるってことはありえない。だから

さてと…

ってとりあえず状況を

眺めてとらえる

ことから始めなきゃ。だから、
「特定のものを点で見る（これは look）」
っていうよりは、
「状況全体を面としてとりあえず眺める」
ことになる。ほら、やっぱり see ですね。

19-5

> You need to see for yourself that he really gets his part done tonight.（今夜彼が持分を仕上げるのを、君は自分自身の目で確かめるべきだ）

「しっかり確かめる」のは大切なことだと子供の頃から教えられます。戸締りから忘れ物まで挙げていけばきりがありません。…で、この「しっかり」の部分を

19. See はこれでよく見える

「**自分で**
確かめる」とか
「**自分の目で**
確かめる」と言うこともよくありますよね。これが上の囲み。for yourself だから「自分で」。素直だから問題ないでしょ。

次は当然、「自分の目で」。これも素直に

You need to see with your own eyes that he really gets his part done tonight.

と with your own eyes で OK。なあんだ。意外に簡単ですね。

19-6

> Yes, I need to see it through.
> （うん、ボクはちゃんと見届けなければならない）

これは、すぐ前にやった see for yourself の例文に対する答え。「自分でちゃんと確かめなきゃ」って言われて、「そうだね」って答えているわけです。

see through と来てるので、すぐに「透けて見える」って考えませんでしたか？ 同じ through でも、こっちは「通過」して
「**済んだ**」
の through。だから see it through で
「**済むのを見届ける**」。

つまり、
I need to see it done.（私はそれが済むのを見届ける）
ってこと。これは要注意。早とちりしないで下さいね。

19-7

> He told me this, but I can see through that.
> （奴はこう言ってるけど、全く見え透いてるよ）

　お待たせしました。こっちは例の「透けて見える」see through です。この場合なら、「he」にあたる彼が何かうまいことを言ってきたんですが、その裏にある意図が

透けて見えた

わけです。
「見た」んじゃなくて「見えた」。
ほらね、やっぱり look じゃなくて see でしょ。
　この see through は
You don't think I can't see through that?
（そんな見え見えのことが見抜けないとでも思っているのか？）
という形でよく使います。つまり、
Do you think I'm so dumb?
（オレがそんなに間抜けとだと思うか？）
ってこと。とは言っても、見ぬいたつもりがそうでもなかったりするものですけど。

19. SEE を使った会話

奥様の発想

A: **You see**? Your men aren't working very hard in your absence. I told you that you should **see it for yourself**.
　　　（ほらね。あなたがいないと、部下はちゃんと働いていないでしょ。だから自分の目で確めろって言ったのよ）

B: **I see**. So what should I do?
　　　（分かった。それじゃ、どうしたらいい？）

A: Well, **let's see**... You may want to tell them that we have surveillance cameras all over the place so they can't slack off.
　　　（そうね…。怠けられないように監視カメラをそこらじゅうに備えつけてあるって彼らに言ってみるのもいいかも）

B: Do you think they'll buy it?
　　　（信じると思う？）

A: **We'll see**.
　　　（さあね）

20. 棒っ切れから STICK

　stick は「スティック」。「棒っ切れ」ですね。これが動詞になると、大きく分けて二通りの使い方をすることになります。一つは、　　　　「突く」。
これは簡単。
棒っ切れで突く
って考えればすぐ分かるはず。
　もう一つは、
　　　　　「くっつく」。
これも、棒の代わりにピンかなんかを「突き」刺して壁に何かくっつけるところを思い描けば割とすんなり分かるんじゃないでしょうか。
　それにしても、「突く」と「くっつく」に、両方とも
つく
が含まれてるのって、偶然なんでしょうか。

20-1

Jennifer always stuck out in school.
（Jennifer は学校でいつも突出していた）

　この stick out は「突く」の方で OK。out だから「突き出る」。ほら、もう分かったでしょ。「突き出る」は、
「突出する」。

つまり、「際立って目立つ」ってことです。

　これと並んでよく使われるのが、stand out。みんな座ってるところで一人だけ立ってたら目立つでしょ。そんな感じです。

Jennifer always stood out in school.
(Jennifer は学校でいつも目立っていた)

20-2

She stuck up for me.
(彼女は私のために立ち上がってくれた)

　これも「突く」方の stick。up は「上向き」だから、「私のために突き上がってくれた」??? これは、今やったばかりの stick out と同じく stand を使って、

She stood up for me.
(彼女は私のために立ち上がってくれた)

としてみれば合点が行くでしょう。そう、

彼女は私のために立ち上がってくれた

ってこと。これは日本語でも

支援してくれた

って意味で使われるでしょ。全く同じことです。簡単簡単。

　せっかくだから、「支援してくれる」にあたるとてもよく使う表現にもう一つだけ触れておきます。実はこれ、既に日本語になってるんですけど、なんだか分かりますか?

…答えは back up。「意欲のある若い人を『バックアップ』します」なんて言うでしょ。あれです。
She backed me up.
(彼女はボクを支援してくれた)

20-3

Don't be stuck up. (ツンツンするなよ)

　これはちょっと言葉を補って
stick up your nose (鼻を上に突き出す)
としてみれば分かります。鼻を上向きに突き出して

ツンツン

しているってこと。平たく言ってしまえば
気取る。
あんまり気取ると友達がどんどん減っちゃいますから気をつけましょうね。
　ほら、この「ツンツン」には stick の「突く」がちゃんと生きてるでしょ。「ツンツンと突く」わけだから。ほんと、よく出来てます。

20-4

There was a stickup at the bank.
(銀行で強盗があった)

20. 棒っ切れから Stick

　「突く」の stick の最後に、ちょっと面白い応用編をお目にかけましょう。stickup って何だと思いますか？ ほら、これも「突く」の一種なんだから「突き上げる」に関係があるんでしょ…。ちょっと考えてみてください。
　実はこれ、

強盗

って意味なんですね。なぜって、強盗といえば

**　　手を上げろ!**

ここから stickup が来たってわけ。「手を上げろ」を「手を突き上げろ」って考えれば納得ですね。
　ちなみに、「いいか、これは強盗だ!」も、

OK, this is a stickup!（いいか、これは強盗だ！）
で OK。つまり、

**　　遊びじゃないんだぞ**

ってこと。こんなふうにいちいち断らなきゃいけないようじゃ、この強盗もたいしたことないような気もしますけど。

20-5

Japanese people tend to stick together in foreign countries.
（日本人は外国に行くとひとかたまりになりがちである）

　今度は「くっつく」の方。ここから先はこっちです。stick together だから「一緒にくっつく」。これが上の例のように人について使われると、

かたまる。

　アメリカに来て間もなくまだ学生をやっていたころ、教授たちに「日本の学生はかたまる傾向にあるから、それだけは避けるように」と、何度となく忠告を受けたものです。慣れない外国に行くとつい自国民同士かたまっちゃうのは、日本人だけじゃないと思いますが、確かにあんまり誉められたことじゃありませんね。

20-6

Stick to the point.（ポイントから外れないで）

　これは議論の席で使えます。スジの通った話が苦手でどんどん脱線しちゃう人っているでしょ。あるいは、まともに議論しても負けちゃうからどんどんポイントをずらしたりぼかしたりする人もいます。そんなときは、誰かが釘を刺さないといけません。それが囲みってわけ。「ポイントにくっついて

いろ」ってことは、より日本語らしくすれば、

ポイントから外れるな

ってこと。相手の感情をさかなでたりしないように、あんまりきつい調子で言わないのがコツです。

20-7

> No matter what they say, you just stick to your guns.
> （奴らが何を言おうと、自分の流儀を通すんだ）

すぐ前と同じく stick to の応用例。「自分の拳銃にくっつく」？？？ これを理解するには「自分の身は自分の拳銃で守る」西部劇の世界を思い浮かべるのが一番。「自分の拳銃」ってのは、

「他の誰でもない

自分」の拳銃ってこと。それに「くっついていろ」だから、「他に簡単に影響されたりせずに

自分の流儀を貫け」。

これは普通に言っちゃえば、

Stick to your own way.（自分のやり方に徹しろ）

だけど、これじゃなんだかあじけないでしょ。だから gun なんてちょっと象徴的で刺激的なものを盛り込んでやるわけです。

具体的には、人の意見に左右されて混乱している人に対し

て使います。例えば、あなたの親友が事業を起こすことを決意したとしましょう。ところが、回りは大反対。「うまく行くわけないだろ…」と百回も二百回も聞かされ、さすがの彼も戸惑い気味。「やっぱりやめとこうか」なんて言い出す始末。こんなときに、

You just stick to your guns.

と言えば、

「(外野が何を言おうと) やりたいようにやれよ」

と励ましていることになります。

20-8

Are you leaving, or are you going to stick around after graduation?（卒業したら、いなくなっちゃうの？それともこの辺にとどまるの？）

「辺り」の around だから、「ぴったり」一ヶ所にくっついてはいないけど、

　　遠くへは行かずにこの辺にとどまる

という感じ。

　これは、友達と会っているときに "Are you leaving?"（行っちゃうの？）と聞かれて、「いや、行かないよ」と言うときの決まり文句。例えば、

No, I just need to step out. But I'll come back and stick around.（いや、ちょっと出なきゃならないけど、また

20. 棒っ切れから Stick

戻って来てこの辺にいるよ)
のように使います。

20-9

> I'm stuck in the middle of the traffic jam.
> (渋滞の真っ只中で動けない)

「くっつく」の stick を be stuck という形にすると「くっついて
動けない状態である」
ということが伝わってきます。つまり、

ゴキブリホイホイのゴキブリ状態。

これの便利なところは、「身体(車なども含めて)」が動かない状況ばかりか、

考えに詰まった

状態も表せちゃうところ、例えば「考えの途中ではたと詰まってしまった」なんてのも

I'm stuck in mid-thought.

で済んじゃうんですね。ほらね、使えそうでしょ。

20. STICK を使った会話

幼なじみ

A: Do you remember Greg?
　　（Greg を覚えてる？）

B: Of course, I do. He **stuck out** in every class, didn't he?
　　（もちろんさ。どのクラスでも目立ってたもんね）

A: He did. On top of that, he was a very nice guy.
　　（ああ。おまけにすごくいい奴だったし）

B: Yes, he was.
　　（ほんとだよな）

A: He **stuck up for** me whenever I got bullied.
　　（俺がいじめられたとき、いつだって助けてくれてさ）

B: Too bad he isn't around anymore.
　　（奴がもういないってのは淋しいよな）

A: Actually, he called me and said he would come home next week and **stick around** for a while.
　　（実は奴から電話があってさ。来週帰ってきて、しばらくは居るって言ってたよ）

21. TAKE はこうとる

　英和辞典をひくと take のところにはものすごい数の熟語や慣用句が並べてあるのが普通です。それほどさまざまに使うんですね。それを一つ一つ丸暗記していったのではとても間に合いっこありません。…となればやはり、この単語の根っこをしっかりつかむことが大切になってきます。

　そのために、ここでは、「take は基本的に

とる

である」とするところから始めてみましょう。「とる」も take も「自分のものにする」というのが本来の意味。そこから「受け取る」にも「時間を取る」にもはたまた「写真を撮る」にもつながっていくわけです。その辺を実例で確かめてみましょう。

21-1

> Take it easy. (楽にしろよ)

　これは割りとよく聞きます。でも、実際のところどんな表現なのか、いまいちピンと来ないんじゃないでしょうか。「それを楽にとる」???　これは、

Don't take it so seriously.

と言い換えてみればはっきりします。「そんなにまじめにとるなよ」、つまり、

そんなに深刻に受け取るなよ

という感じ。要するに

楽にしろ

ってこと。例えば、仕事を首になった上に彼女にも振られてとことん落ち込んでいる友達を慰めに行ったとしましょう。別れ際に

Take it easy.

と言えば、「あんまり考え込むなよな。もうちょっと気を楽にしろよ」という感じが出ます。

「楽にした方がいい」のは落ち込んだときばかりじゃありません。例えば、頭に来ちゃった人なんてのも、楽にした方がいい。だから、そんな人にも、

Hey, hey, take it easy. (おい、落ち着けよ)

なんて言うことがあります。こっちは、

Calm down. (落ち着け)

ってこと。

ところが、

実は日常会話の中でこれを最もよく使うのは、友達と別れるときなんです。これはほとんど、

それじゃ

って感じ。一応

「ものごと一般をあんまり深刻に受け止めないでリラックスしろよ」

21-2

> All right, I guess I've got to take it back.（〔さっき言ったことは〕取り消さなきゃいけないみたいだな）

　take back だから、「取り戻す」感じなんですが、人と話しているときに

take it back

と言ったら、これは、「自分がいったん言ったことを

引っ込める」

という意味になります。失言しちゃったり、あるいは「あっ、間違ってた」って後できづいたりすることはよくあるでしょ。そんなときにこれを知ってると少しは気が楽になります。

　囲みだと、I guess なんて余計なものがくっついて「まあ、引っ込めなきゃならないでしょうね…」って、多少はまだプライドみたいなものが残ってますが、

I take it back.（引っ込めます）

ってストレートに言えば、こっちは

「失言でした」

とか

「間違ってました」

っていう率直さが出ます。

21-3

I can't take it anymore.
（もうこれ以上耐えられない）

「私はをもうこれ以上それを取れない」???　これは「もうこれ以上受け止められない（受け入れられない）」としてみれば分かりやすくなります。要するに、
もう耐えられない。
　例えば、「夫の浮気を何度も我慢してきたけどもう限界だ」とか、「社長のばか息子の放蕩も我慢してきたけどもう限界だ」とか、

もう限界だ!!!

というときに使います。つまり、

ぶちっ!!!

ってこと。
　さて、「限界だ!!!」ってことはかなり感情的になってますよね。こんなときには汚い言葉の一つや二つは出てくるもの。この

I can't take it anymore.

も、

I can't take this shit anymore.
（もう我慢もくそもねぇ!）
と言い換えることが出来ます。Shit を辞書で引くと「肛門から排出される固体の排泄物」って書いてあります。これが何

かは言うまでもありませんね。そして、これが「汚い」言葉とみなされているのは万国共通。そこから、it にない

憤り

が伝わってきます。でも、使用の際にはくれぐれもご注意を…。

21-4

Don't take it out on me!（やつあたりするなよ）

よく、「外国語でけんかが出来たら本物だ」なんて言いますが、確かにぴりぴりした空気の中で言いたいことをはっきり言えたらたいしたもの。囲みの

Don't take it out on me.

もそんな状況で使う表現。out だから「それを私に取り出す」って感じでしょ。そこで問題になるのはこの it が何かってこと。これは

イライラ。

「そのイライラを私に出すな」ってことはつまり、

やつあたりするな

ってこと。「やつあたり」ってのも「イライラを四方八方に発散する」ってとこから来てるわけで、take it out on me と感じは同じですね。

21-5

I'm taking off.（行くわ）

この take off が

飛行機が飛び立つ

って意味で使われることは知ってますよね。そこから、

立ち去る

という意味で別れ際に使われることがあります。要するに

バイバイ

の一種。自分を飛行機になぞらえているだけちょっと大げさでほほえましい感じがします。

さて、バイバイにもいろんな仕方がありますから、特によく使うものをいくつか挙げておきます。

I'm heading out.（出るわ）

これは、「頭」の head が「そっちに頭を向ける」つまり

向かう

って意味で使われることさえ分かればばっちり。head out で「外に向かう」、つまり「外へ出る」、つまり「そこからいなくなる」となるわけ。

I've got to go.（行かなきゃ）

これはそのまんま。have got to go だから、「行かなきゃ」。会話では have が落っこちて

I gotta go.

と言うことも多いみたいです。

21. Take はこうとる

I'm leaving. (行くわ)

これもそのまんま。「いま立ち去るところだ」ってことは「行く」ってことでしょ。そもそも、

さよなら

にしたって、たった四文字。別れ際にやたらと難しいことを言うわけがありませんよね。

21. TAKE を使った会話

男と女の話

A: I understand he is having a hard time at work. But he always **takes it out** on me. That's not the right thing to do, is it?
   （彼が仕事で大変な思いをしてるのは分かるわよ。でもいつもいつも私にやつあたりするってのは違うでしょ？）

B: No, it isn't.
   （違うわね）

A: I tried my best to be understanding, but I can't **take it** anymore.
   （理解しようと出来る限りのことはしてきたわ。でももう耐えられない）

B: I understand.
   （分かるわ）

A: I've got to get a divorce.
   （離婚するわ）

B: **Take it easy**, all right? I think you should talk to him first.
   （落ち着いて。まずは彼と話すべきじゃないかしら）

22. 相手あっての TELL

　tell も say も「言う」と訳しちゃうと、なんだか違いがよく分かんない。ここはとりあえず、

相手あっての tell

としてみましょう。

　say は

Say it outloud.（大きな声で言って）

みたいに相手なしでも大丈夫ですが、tell は普通、

I told you to shut the door.

（あんた、戸を閉めてって言ったでしょ）

みたいに、相手（この場合なら you ですね）を伴うもの。もちろん、例外がないわけじゃないんですけど。

　ここから分かるのは、say は「言葉や言いたいことを発する」ことにその中心があり、tell は「相手に伝える」ことにその力点があるということ。だから、say は相手なしでも大丈夫だけど tell はそうじゃないんですね。

　さて、この「相手あっての tell」は使い方によってさまざまな

意志表示

ができます。意志表示は相手を意識してこそですもんね。ほら、やっぱり tell ってそういう言葉なんです。

22-1

> Don't tell me that you are broke and came to borrow some money again.（金がなくてまた金を借りに来たってんじゃないだろうな）

まずは

don't tell me

から。そのまま訳せば、「～と私に言わないでくれ」ってことでしょ。つまり、「聞きたくない」わけ。要するに、

もう、うんざり。

英語なら、

I'm fed up with you telling me that.

（お前がそう言うのにはもううんざりだ）

ってこと。

　ところで、これをとてもよくつかんだ日本語表現ががあります。そう、

～っていうんじゃないだろうな

です。「また離婚したってんじゃないだろうな」「また仕事辞めたってんじゃないだろうな」「また試験に落ちたってんじゃないだろうな」…。これらは全部 don't tell me で大丈夫。でも、ちょっと冷たい感じですから、あんまり多用しないで下さいね。

22. 相手あっての Tell

22-2

Are you telling me that she is pregnant?
(彼女が妊娠してるってこと？)

今度は

are you telling me

だから、「～と私に言っているんですか」。これは相手の言ったことをそのまま言い返したり、言い直したりして、

「いま～って言ったんですか?」

と確認するときに使います。特に、びっくりしたときなんて、ぴったり。「あんまりびっくりしたんで確認しとかないと聞き間違えたかもしれない」って感じがよく伝わってきます。そう、つまり are you telling me は、

～ってこと???

なんです。「コンサートが中止になったってこと?」「地震で街がひとつ壊滅したってこと?」「これは食べちゃいけないってこと?」など、大小さまざまな

驚き

を込めて使ってみてください。

22-3

I'm telling you this place stinks.
(全く、この場所は臭うなぁ)

"I'm telling you."
だから、「私はあなたに言う」。…これはいままでのよりはちょっと歯ごたえがあるかも。

　日本語でも、

言わせてもらうけどさぁ

なんて前置きすることがありますね。これは「あなたが私に言わせてくだされば」っていう辞書通りの意味から、「ちょっとひとこと言わなきゃ気が済まない」っていう意志表示になっています。

I'm telling you.
も全く同じ。「私があなたに言う」っていう辞書通りの意味から、

「言葉にしちゃうぞ」

っていう意志表示に重心が動いてる。…で、「言葉にしちゃうぞ」ってことは、そうさせるほどの何かがあったわけ。ひどかったにしろ、よかったにしろ「それほどのインパクトがあるんだ」って強調するのが

I'm telling you

なんですね。

　実はこれにぴったりの日本語があるんです。なんだと思い

ます？　それは、

全く。

「全く、ひどい奴だなあ」「全く、すごいピッチャーだよ」「全く、参ったなあ」…。ほらね、よかろうが悪かろうが、全部「全く」でカバーできちゃう。これが

I'm telling you.

の正体です。

22-4

I'm telling you.（全くだよ）

「全く」の

I'm telling you.

は上のように単独で使われることもよくあります。これは、

「全くだよ」

って感じ。あれれ、日本語そのまんま。うそみたいに簡単ですね。でも、そんなものなんです、言葉なんて。簡単じゃなかったら今ごろ使うのやめてるはずなんだから。

　例えば、「今日はうだるように暑いね」と言われたとしましょう。ここで、「全くだよ」と言えば、「全くその通りですね」ってことでしょ。それがこの

I'm telling you.

の意味するところ。つまり、

完全な同意。

おもしろいことに、tell を含む表現でほとんど同じような意味を表すものが他に二つもあります。一つ目は、

You're telling me.

これは、

You don't have to be telling me.（言うまでもないよ）

って、同意してるわけ。「全くだね」の I'm telling you. と雰囲気は同じでしょ。

　もう一つが

Tell me about it.

こっちだと、

Go on.（もっと言ってくれよ）

という感じ。やっぱり「全くその通りだ」と同意していることになります。なるほどね…。

22-5

> Let me tell you something. You shouldn't use "fuck" so often.（言わせてもらうけどね、fuck ってそんなにしょっちゅう言わない方がいいよ）

let me tell you something

だから、「私に何か言わせてくれ」。これは、

ちょっと言わせてもらうよ

と

助言や忠告

22. 相手あっての Tell

の前置きなんかに使われる言葉。これを、

Let me advise you.

にしちゃうと「助言をさせてもらうけど」になっちゃって、ちょっとストレート過ぎる。こんなふうに言われるとあんまりありがたい気はしないでしょ。だから tell you something なんてぼやけた感じにとどめておくんですね。なかなか奥ゆかしい表現です。

22-6

> Tell me something. Should I not use "fuck" often?（ちょっと聞きたいんだけど、fuck ってしょっちゅう使わないほうがいいの？）

すぐ前の tell you something をひっくり返すとこれ。ちゃんと you が me に換わってます。tell me something だから、「私に何か言ってください」。つまり、

お聞きしたいんですけど…

ってこと。ほら、助言や意見を求めてますね。つまり、

Give me your opinion.（意見を聞かせてください）

ってこと。こういうのをうまく会話の中に放りこめるようになると、流れがよくなるもの。しっかり身に付けてくださいね。

22-7

> I'll tell you what. Why don't we meet at the library at seven?
> （これでどう？　図書館で七時に会うってことで）

この

I'll tell you what.

は、

I'll tell you what we should do.

の省略形。「私はあなたに、何を私たちがすべきであるかを言う」。つまり、

I'll give you my suggestion.（ボクなりの提案をするよ）

ってこと。

　提案をするとき、いきなり「図書館七時でどう？」と言っちゃうと相手が面食らうかもしれないでしょ。だからいったん、

「提案があるんだけどさ」

って前置きしてから実際の提案に入るわけ。くだけた日本語なら、

これでどうかな?

なんかに響きが似てるんじゃないでしょうか。

22. TELL を使った会話

温ったまる話

A: Man, it's freezing.
　　　（凍り付きそうだぜ…）

B: **Tell me about it**.
　　　（全くだな）

A: I don't think we can work productively in such cold weather.
　　　（この寒さじゃ、実のある仕事なんて、出来そうにないね）

B: **Don't tell me** you are going to leave early.
　　　（早引きするって言うんじゃないだろうな）

A: How did you know?
　　　（どうして分かった？）

B: I've known you so long.
　　　（お前とは長いからな）

A: **I'll tell you what**. Why don't we drink some *sake*? That'll warm us up a little.
　　　（あのさ、酒でもどうだ？ちょっとはあったまるってもんだぜ）

23. TOUCHの触覚

　テレビにしても本にしても最近はやりのインターネットにしても、基本的に「目」を使って情報を得ていますよね。そうした意味では、現代は「目の時代」という気すらします。人類の歴史において、これほど目を酷使した時代なんて、かつてあったんでしょうか？　どうりで近視の人が多いはずです。
　しかし、だからって他の感覚が無視できるかって言うと、そんなことはありません。特に

触覚

は「スキンシップ」なんて言葉もあるくらい、独特の

親密さ、繊細さ、微妙さ

を備えています。
　「触れる」を根っことする touch にも、当然その辺がカギ。以下の例で確かめてみてください。

23-1

> Thank you very much. I'm so touched.
> （ありがとうございました。感激しています）

　touched だから「触れられた」。でも、「私はほんとに触れられました」じゃ、何のことだか分からない。これを理解するには、「『どこに』触れられたのか」を考えなければなりま

せん。さて、どこなんでしょうか?

　答えは、heart。つまり、

I'm touched.

は、

I'm touched in my heart.

の短縮形というわけ。これでかなりつかみやすくなったでしょ。

　「ハートに触れられた」ってことは、「それだけ感じるものがあった」ってこと。日本語でも言うでしょ、

心の琴線に触れる

なんて。あれです。平たく言っちゃえば、

感激した

ってことです。ほらね、touch のデリケートさがちゃんと出ています。

　さて、この意味での touch は ing をつけて、

That's touching.（感動的だなあ）

とすることもできます。ただし、言い方次第で

「感動的ですね」

とまじめに言っていることにもなれば

「そりゃまた感動的だねぇ」

と茶化していることにもなりますから、注意してくださいね。

23-2

I'll touch on Akira Kurosawa today.
（今日は黒澤明について触れます）

　日本語でも、「第二次世界大戦について触れる」とか「後期印象派美術について触れる」とか、「触れる」を、

手短に話す

って意味で使いますね。touch にも全く同じ使い方があります。それがこの

touch on。

touch だから

触れる以上に深入りはしない。

だから、「手短」となるわけ。実際はこう言っておきながら長話をする人もけっこう多いんですけど。

　例えば学校の授業の冒頭で先生がこう言ったり、仕事のプレゼンテーションの冒頭で発表者がこう言ったり、いろんな場面に出て来ます。実際、聞いている側も、「これから何に触れるのか」分かってたら聞きやすいでしょ。

23-3

I'm doing the final touch-up.
（最後の仕上げをしています）

　終わりよければ全てよし。どんな仕事でも、終わりには細心の注意を注ぐもの。終わりは「最終段階」。そして、その最終段階での「最終調整」のことを

final touch-up

と言います。日常的な日本語なら

最後の仕上げ。

絵を仕上げるとき、最後にちょっと筆を入れるでしょ。あの

ちょっちょっ

ってのが

touch up。

ほら、ここにもやっぱり「微妙さ」が含まれてますね。

　さてさて、この「微調整」は

fine tuning

と言うことも出来ます。tune は「音」だから、こっちは同じ微調整でもピアノの調律みたいなイメージ。でも、車のエンジンの調整とか、微調整一般に使って全く差し支えありません。

I'm doing the fine tuning.（最後の微調整をしています）
のように使います。

23-4

It's a real touch-and-go situation.
（一触即発の状況だ）

touch-and-go

だから、「触れて、行く」。うーん、これじゃちょっと分かりにくいですね。言葉を少し換えて、「触れたら、すぐに、動く」にしてみたらどうでしょう？ ほらね、ずっと分かりやすくなったでしょ。「触れたらすぐに動く」ってことは、

一触即発。

ほら、日本語にもちゃんと「触」が入ってる。ほんと、よく出来ています。
「一触即発」ってことは、それだけ状況が

緊迫してる。

つまり、
It's a real delicate situation
（実に微妙な状況にある）
ってことです。

23-5

Don't be so touchy.（そんなに過敏になるなよ）

touchy は touch に y をつけただけ。これで形容詞に早がわり。しかも、いま説明したばかりの

touch-and-go 状態

を一言で表せちゃう。便利でしょ。

囲みの場合なら、相手がイライラしてたりナーバスだったり、とにかく

いまにも爆発しそう

だから、「おいおい

そんなに過敏になるなよ」

って諭してるわけです。

この「過敏な人の touchy」は大まかに言って二通りに使います。一つ目は、「その人は過敏な人だ」つまり、その人の

性格

について言う場合。例えば、

She is very touchy.（彼女はとても神経過敏だ）

という具合。

ところが、実際には

性格はともかく、「ある問題や状況に対してその人が過敏な反応を示す」

ってこともありうるわけです。これも touchy で OK。普通、すぐ後に about を伴って、

She is very touchy about sexual harassment.

（彼女はセクハラに対して過敏な反応を示す）

のように使います。

さて、ここまでは「touchy な人」の話でしたが、さっきの touch-and-go situation もそうだったように、touchy もまた「人

以外」のものについて使われることがよくあります。例えば、

That's a very touchy issue.
(それはずいぶん微妙な問題だ)

のように使います。これも touch-and-go に戻って考えれば、簡単。「一触即発」の問題なんだから、それだけ

微妙

だってこと。日本語でも言いますよね、

「それは微妙な問題だ」

って。あれと同じです。

23-6

> Are you still in touch with James?
> (James とまだつながってんの?)

　名詞の touch も、基本はこれまでやってきた動詞の touch と同じ。基本は「接触」。

　さて、囲みの例は be in touch だから「触れた状態にある」。人と人との話で言えばこれは、

つながっている

ってことです。手紙にしろメールにしろ、ごくまれに電話をするにしろ、何らかの形で

連絡が取れて

いれば、be in touch。

　さて、「つながった」状態にない人と

「つながろう」

と連絡を取ろうとすることもありますよね。小学校の時のクラスメイトに急に会いたくなったとか、友達と話していてたまたまその人の話が出たとか。そんなふうに

連絡を取る

のは get in touch。「矢印」の get でアクションを起こすわけです。

How can I get in touch with James?
(どうやったら James と連絡が取れますか？)

　さて、いったん連絡が取れたら、ちゃんと連絡を保ちたいもの。これは、keep の章で既にやった

Keep in touch.（連絡してくださいね）

で OK。繰り返さなくても大丈夫でしょ。

　さて、いよいよ最後。連絡をとって、つながって、連絡を保ったら、もう残っているのは

連絡が途絶える

だけ。「途絶える」ってのはつまり、連絡が

なくなる

こと。そして、「なくなる」にあたる基本動詞と言えばやっぱり lose。

I've lost touch with James.
(James との連絡が途絶えてしまった)

のように使います。

　…あんまりこうならないようにしたいものですけどね。

23. TOUCH を使った会話

また会う日まで

A: What's this?
（これ何？）

B: Open it up.
（開けてみてよ）

A: This is beautiful.
（きれい）

B: A token of our friendship.
（友情の印ってところね）

A: I'm so **touched**.
（ほんとにありがとう）

B: It's nothing. Well, I guess I've got to go.
（なんでもないって。それじゃ、そろそろ行かなきゃ）

A: How can I **get in touch with** you?
（どうやって連絡取ればいい？）

B: I'll send you a postcard as soon as I get settled.
（落ち着き次第、すぐに葉書でも送るから）

A: It's been a pleasure knowing you.
（知り合えてよかったわ）

B: Same here. **Keep in touch**.
（こっちもよ。それじゃあね）

222

24. くるくるTURN

turn は

くるり

と回ったり回したりする感じ。そこに、

くるくるっ

って感じの躍動感も

くるりと背を向ける

みたいな冷たさもみんな含まれちゃう。そうかぁ、turn って、水泳の「ターン」ばっかりじゃなかったんですね。

24-1

> I turned him down though I didn't dislike him.
> （彼のことは嫌いではなかったが断った）

この turn down は「冷たい turn」の代表格。down なんだから、下に落っことす感じで、温かい雰囲気ではありません。実はこれ、「断る」という意味の決まり文句。

「ごめんなさい…、

でもお断りします」ってこと。

さて、日本語でも「断る」が

「交際の申し出を断る」

って意味で使われることがあるでしょ。これは turn down も全く同じ。囲みはその一例ってわけ。

もちろん、「断る」のはそんな申し出ばかりじゃありません。長く生きてれば、「仕事の申し出」なんてのも一度や二度は断るもの。これは、

I turned down the offer though it was quite tempting.
（なかなか魅力的だったけど、その申し出は断った）

のように表すことが出来ます。

24-2

> I was totally turned off when Tim made a racist remark.（Tim が人種差別的な発言をしたとき、私は完全に引いてしまった）

　これは簡単。turn off ってスイッチをひねって切ることでしょ。スイッチが切れちゃったってことは、

興味が失せた

ってこと。俗語だと

引いちゃった。

囲みの例だったら、「相手の差別発言によってこっちは話し続ける気も失せた」という感じが出るわけ。
　でも、話はここで終わりません。日本語でも、「引いた」が、

相手に対する異性としての興味が失せた

って意味になることがあるでしょ。turn off もそういう意味で使われることがよくあります。

24. くるくる Turn

Jeff started telling me about his ex-girlfriends, which completely turned me off.
(Jeff が過去に付き合った女の話を始めたので、私は完全に引いてしまった)

　turn off の反対は当然、turn on。こっちは「スイッチを入れる」。でも、turn off と違ってこっちはもっぱら

異性関係において興味をかきたてられる

という感じで使われるので、ちょっと注意が必要です。つまり、
I was turned on. (私はその気になった)
って言ったら、これは相手に対して「一人の人間として」興味を持ったんじゃなくて、「異性として」興味を持ったことになっちゃうわけ。さらに言っちゃうと、「異性として」の「異」も取っ払っちゃって、

「性」的関心を持つ

になっちゃうんですね、ほとんどの場合。だから、「興味があります」って意味だと思って気軽に使ってると大怪我しちゃうわけ。俗っぽい日本語だと、

　　　　その気になった

が近い気がします。

24-3

> I've got to turn in this paper by this afternoon.
> (今日の午後までにこの書類を出さなければならない)

　「回る」の turn が「こちらから向こうへ」という感じを持つことがあります。この turn in もその一例。in は、

　　　　向こうの手の「中」。

だから、turn in で

　　引き渡す。

上の囲みなら、「書類を引き渡す」ってことはつまり、

　　　　　　出す。

　しかし、「引き渡す」のは書類ばかりじゃありません。人だって引き渡せるでしょ。特に、turn in の場合は

turn in to the police（警察に引き渡す）

という意味で使われることが多いみたいです。さらに面白いのが、

His best friend turned him in.
（彼の親友が彼を警察に引き渡した）

とすると、

「彼を警察に実際に突き出した」

とも

「彼のことを（実際に引渡しはしなかったけれども）警察に知らせた」

とも受け取れるってこと。警察に知らせちゃえば突き出した

24. くるくる Turn

も同然ってことなんでしょう。

24-4

> When Joel went bankrupt, everybody turned their backs on him.
> (Joel が破産したとき、みんな彼に背を向けた)

　背を向ける。なんと冷たい言葉でしょう。「冷たさの」turn の出番です。日本語でも「くるりと背を向ける」って言うし、問題ありませんよね。しかも、

turn one's back on

だから、「背を向ける」と全く同じ。うそみたい。

24-5

> I have nobody to turn to.（誰も頼れる人がいない）

　すぐ前の「背を向ける」の状況を、背を向けられた人の側から見ればこの例文。turn to だから、

そっちの方角を向く

ってことでしょ？「向く人が誰もいない」ってことはつまり、どっちを向いても助けてもらえない。そう、

四面楚歌状態

なわけです。言い換えれば、

I have nobody to rely on.（誰も頼れる人がいない）

ってこと。うーん…。つらいなぁ、それは。

24-6

It's your turn.（あなたの番ですよ）

「くるりの turn」は、名詞になると「順番」という意味で使われることがよくあります。順番は

ぐるり

と回ってくるもの。納得ですね。

さて、囲みの

It's your turn.

は、

あなたの番ですよ

の決まり文句。トランプの札を引く順番でも会議で発表する順番でも、みんなこれで OK です。

It's your turn to take out the garbage.

（あんたがごみを出す番だ）

みたいにもうちょっと具体的に言うことも出来ます。

24. くるくる Turn

24-7

> You got out of turn. (順番が違うじゃないか)

順番があれば、それを守らない人が一人や二人はいるもの。それを表すのがこの

get out of turn。

「きちんとした順番から出る」が、

「順番を守らない」

になるのは分かりますよね。すぐ上に出て来た「ごみを出す順番を守らない」でも、カラオケに行って「歌う順番を守らない」でも、何でもこれで表せます。

　…でも、ちゃんと順番は守りましょうね。

24-8

> It's going to be a long night. Let's take turns driving. (長い夜になりそうだし、交代で運転しよう)

順番の turn が上のように take turns となると、

「交代で（交互に）やる」

となります。囲みの場合なら

take turns driving

だから、運転を交互にするわけ。ほら、長い距離を走るときはその方が安全だしそうするでしょ。あれです。

24-9

> Dan made a complete turnaround on that issue.
> (その問題について、Dan は完全にひっくり返った)

　turn と around で turn around とすれば、これは「ぐるっと回す」感じでしょ。これがくっつくと、turnaround という名詞になるんです。つまり、「ぐるっと回ること」。そこから

完全に変わってしまうこと

となるわけ。上の囲みなら、「完全に変わった」ってことはその問題についての意見も取り組み方も

今までと全然違う

ってこと。日本語でも

手のひらを返す

って言うでしょ。あの感じです。

24. くるくる Turn

24-10

He is such a turncoat.（奴はこうもりだ）

「なんでコートをひっくり返す turncoat がこうもりなんだ」???　ごもっとも。「こうもり」は Batman の bat ですもんね。でも、

こうもり野郎

っていう表現があるでしょ。あるときはこっちの味方。またあるときはあっちの味方。そんな「見下げた奴」のこと。これを turncoat と言うんです。

それじゃなんで turncoat なのか?　これはなんとなく想像がつくでしょ。そう、

こっちで着ていたコートをあっちではひっくり返して着て何食わぬ顔してる。

そんな感じが伝わってくるのがこの turncoat ってわけ。

…やれやれ。そんな人にはなりたくないものです。

24. TURN を使った会話

退屈な時間の過ごし方

[in the car (車で)]

A: It's going to be a long way. We are going to **take turns** and talk, all right?
(長い道のりだし、順番に話でもすることにしようよ)

B: Sure. Whose **turn** is it?
(いいよ。誰の番?)

A: **Your turn**.
(お前さ)

B: All right, I went to a bar to pick up some girl the other night. And I noticed this gorgeous girl on the other end of the counter.
(分かった。この間、女の子でも引っ掛けようとバーに行ったら、カウンターの端っこにすっごい美人を見つけてさ)

A: What did you do?
(…で、どうした?)

B: Of course, I walked up to her and asked if she'd let me buy her a drink.
(もちろん、近づいてって「一杯おごりましょうか」って聞いてみたさ)

A: And then?
(そしたら?)

B: I got **turned down** right away.
(すぐに断られた)

25. 働き者の WORK

work を単純に「仕事をする」だと思っていませんか？ でも、それだと応用がききづらくなっちゃうんです。「仕事をする」ってそれ以外の意味を持ちようがないでしょ。だから、こう考えましょう。work の根っこは

働く

である。そして、そこからよく知られた

仕事をする

という意味も出てくる。こっちの方が、work を柔軟に生かせます。半信半疑の人も、とりあえず読み進んでみてください。work がいかに働き者か分かるはずです。

25-1

That'll work. (いけるよ)

それじゃ、早速「働く」のwork を実践してみましょうか。上の例は「それは働くだろう」。つまり、「うまく行くだろう」と言っているわけです。くだけた日本語ならば、

いけるよ。

例えば、近々一緒に夕食をとろうと電話で待ち合わせのときと場所を決めようとしているとしましょう。相手もかなり忙しい様子で、なかなか都合のいい日にちが決まりません。そこであなたは、「だったらいっそのこと昼食にしない？ こ

っちは火曜日なら空いてるけど…」と提案しました。そこで返って来たのが、

That'll work.

「いける」ってことはつまり、「それなら

大丈夫だ」

ってこと。ほらね、「仕事をする」じゃこうはいかないでしょ。

さて、この work を打ち消してやれば当然

うまく行かない。

これもよく使うのであわせてカバーしちゃいましょう。例えば、

That's not working for me. Let's try something else.

(どうもうまく行ってないなあ。何か他を試してみようか)

のように使います。

25-2

> We can work around that.（なんとかなるよ）

例えば、写真を撮っていたらフラッシュの調子がおかしいとします。修理するのは時間がもったいないし、そもそも自力でちゃんと修理できるか分からない。だったら、室内の照明を出来るだけ生かすなりしてフラッシュなしで撮っちゃった方が早い。そこで、

Forget about the flash.　We can work around that.
（フラッシュは放っとこう。なんとかなるから。）
なんて言うわけ。これが

work around。

この例からも分かるように、work around は、

問題を根本的に解決することは出来ないけれど、それを迂回しつつなんとかやる

という感じ。要するに、

なんとかする

ってこと。「迂回しつつ」の部分がいかにも「ぐるっと回って」の around でしょ。

25-3

> What are you working on?（何に取り組んでるの？）

今度は「接触」の on。この on は

I'm on it.（それは私に任せて）
なんて言うことからも分かるように、

（責任を持って）取り扱う

というニュアンスで使われることがよくあります。この work on もそんな感じ。一言で言うと

取り組む。

例えば、図書館で友達に会ったとします。ここで

What are you doing?

と聞けば、漠然と「何やってるの」と聞いているに過ぎません。対照的に、

What are you working on?

ならば、「相手が何かにまじめに取り組んでいるのを理解した上でそれが何であるのか尋ねている」ことになります。この例であれば図書館ですから、「ああ、リサーチに取り組んでいるところだよ」なんて答えが予想されますね。これは、

I'm working on research.（リサーチに取り組んでいます）
となります。

大きなプロジェクトになると長い長い月日をかけて取り組むもの。そうなると、

I've been working on this for years.
（これに、もう何年も取り組んでいます）
なんてちょっとうんざりした顔で言うこともあるかもしれません。

25-4

> I'm about to go work out. Do you want to come with me?
> (身体を動かしに行くとこなんだけど、一緒に来る？)

　これを初めて聞いたときには何のことだか分からなくて困ったものです。work out だから「外で働く」???　実はこれで、

身体を動かす

になるんです。つまり、

運動する。

「運動」と言えば、頭に浮かぶのは既に日本語にもなっている
エクササイズ。
でも、exercise は work out に比べるとちょっと難しいでしょ。「身体を動かす」と「運動する」みたいな微妙な響きの違いがあります。

　じゃあどうして work out がそんな意味で使われるのか???　これは、こんなふうに考えたらどうでしょう？

We must carry out the plan right away.
(直ちに計画を実行するべきだ)

の carry out。そのまま日本語にしたら「運び出す」でしょ。この「実際に外に運び出す」が「(実際に) 実行する」へと転化しています。このように out には

何かを実際にやる

という雰囲気が含まれるわけ。…で、「身体を動かす」っての

も「実際に身体を動かして汗を流す」でしょ。だから **work out**。

　さてさて、この work out をくっつけて workout とすると、

身体を動かすこと

という名詞になります。hangout とか turnaround とか、今までにもたくさん出てきましたね。ほんと、英語ってこの辺が便利に出来ています。

That's a good workout.（いい運動だった）
That's a real workout.（たいした運動だったよ）

25-5

Don't worry. I'll work something out for you.
（大丈夫。なんとかしてあげるから）

　これは、同じ

work out

でもちょっと感じが違います。こっちは、

ひねり出す。

work out で、「『働いて（work）』なんとかひねり『出す（out）』」。さっきの「身体を動かす」に比べるとずっと素直ですね。

　例えば、一時間後に大事な会議があるというのに資料の準備がまだできていないとします。そこであなたは上司に相談に行きました。そこで彼が囲みのように言えば、会議の開始時間を少し遅らせてくれるとか、手持ちの資料だけで済むよ

25. 働き者の Work

うにしてくれるとか、何か「ひねり出し」て、

なんとかしてくれる

わけ。come の章でやった come up with を使えば、

I'll come up with some solution.
(何か解決法を考えてあげるよ)

ってこと。ありがたい…。

　同じような状況で、

We'll work it out. (なんとかするさ)

のように、we を主語にすることも出来ます。こっちだと

「私たちは一緒に解決策をひねり出す」

つまり、

（一緒に）なんとかするさ。

　あるいは、あなたの側から、

Will you work something out for me?
(なんとかしてもらえませんか)

って、助けを求めることだってあるでしょう。どれもよく使いそうです。

25-6

> Don't get so worked up over such a short delay. We can catch up.
> (そんなわずかな遅れのためにそんなにイライラするんじゃないよ。ちゃんと追いつくから)

この

work up

の up は、

Tighten it up.（きゅっと引き締めて）

の up。tighten は「tight（引き締まった感じ）」にするわけだから「引き締める」。これに up をつけるといかにも、

きゅっ

と引き締める響きがします。「きゅっ」なんて言うとなんだかかわいらしいですが、ちょっと間違うと、

きゅうきゅう

になっちゃう。これだとなんだか狭苦しい、息苦しい。そんな状態になることが、

get worked up

なわけ。つまり、

イライラしたり、ストレスがたまったり

すること。実際、stress を使って、

Don't get so stressed out over such a short delay.（そんなわずかな遅れのために、そんなにストレスをためてるんじゃないよ）

と言い換えることが出来ます。

　あんまりイライラすると、身体に悪そう。そんなときには workout でもして汗を流した方がいいかもしれませんね。

25. WORK を使った会話

仕事の後に

A: What are you **working on**?
(何やってんの？)

B: A project I've been **working on** for the last three weeks.
(この三週間ずっと取り組んでるプロジェクト)

A: Man, you must be tired of it.
(うんざりだろうね)

B: As a matter of fact, I am.
(実際そうさ)

A: Hey, do you want to go **work out** or something for a change?
(なあ、気晴らしに運動でもしに行かないか？)

B: Sounds like a good idea.
(いいね)

A: What about tomorrow after work?
(明日の仕事帰りは？)

B: **That'll work**.
(いいよ)

後書き…のようなもの

　冒頭で聞いた「まあ、いいんじゃない」、英語で言えますか？「あのさ」はどうですか？「車、ちょっとそこに寄せてくれない？」はどうですか？　…もちろん、もう言えますよね。

　言えるようになってしまえば、「なあんだ」って拍子抜けするくらい簡単なもの。そんなものなんです。「英語は難しい」なんて、思い込みなんです。本気でものすごく高いレベルを目指そうっていうなら、難しいはずですよ。仕事でも勉強でもスポーツでも、何だってそうですから。でも、「話せるようになる」っていうとりあえずの目標はそんなに遠くないんです。それを分かってもらいたくて、この本を書きました。

なあんだ、英語ってそんなに
難しくないじゃん。

　これからも、こんな感じで、気楽に一歩一歩進んでいってみてください。気がついたら話せるようになってますよ、きっと。そしたらこの本も卒業です。本冥利に尽きるってものですね、そうなったら。

　最後に、英文の推敲を引き受けてくれたMike、本当にありがとう。準備段階からいろいろと相談にものってもらいました。言葉と同じで友情に国境なんてありませんね。

　　　　　　　　　　　　　　　　　　　　　黒川　裕一

著者略歴

黒川　裕一　（くろかわ　ゆういち）
1972年 熊本県生まれ。
東京大学法学部政治学科卒業後、22歳で映画監督を目指して単身渡米。
1999年秋、初の長編 Intersections をテネシー州メンフィスで現地の俳優、スタッフとともに完成。
現在配給先を探して奮闘中。
自身の経験から英語教育にも深い関心を持ち、故郷熊本で夏と冬の年二回集中講義を開いている。
教材は科学論文、新聞記事から映画、漫画、インターネットまで。
メンフィス在住。
著書「映画で英語・リスニング2時間で簡単英会話」（講談社）。
ベレ出版からE-mailの英語に関する著書も近日刊行予定。

（目からウロコの）単語を使いこなす英会話

2000年 4月 25日　1刷

著　者　　黒川　裕一
　　　　　ⓒYuichi Kurokawa, 2000
発行者　　南雲　一範
発行所　　株式会社　南雲堂
　　　　　〒162-0801　東京都新宿区山吹町361
　　　　　TEL　03-3268-2384（営業部）
　　　　　　　　03-3268-2387（編集部）
　　　　　FAX: 03-3269-2486（営業部）
　　　　　振替口座：00160-0-46863
印刷所／URO Project　　製本所／松村製本所

E-mail　　nanundo@post.email.ne.jp
Home-page　http://www.mmjp.or.jp/nanun-do
Printed in Japan　　＜検印省略＞
乱丁、落丁本はご面倒ですが小社通販係宛ご返送ください。
送料小社負担にてお取替えいたします。

ISBN 4-523-26350-7　　　C 0082 <1-350>

南雲堂の好評書

1日1時間の独学パワー
ヒマさえあれば実況中継せよ
十指法のススメ
英語の反射神経を創る
ツージビリティ最優先

和魂英才
英語超独学法
秘中の秘34のノウハウ

吉 ゆうそう 著

四六判　256ページ　1500円

英語の勉強法がわからない人
三日坊主で長続きしない人
英語と一生つき合いたいと思ってる語学好きの人
あなたに贈る独学法のコツ！

単なるハウツウものとは異なる迫力のある説得力でせまる語学の達人への道。

定価はすべて税込価格です。
ご注文はお近くの書店、または直接小社(TEL03-3268-2384)まで。